ALPHABET
Handwriting Workbook

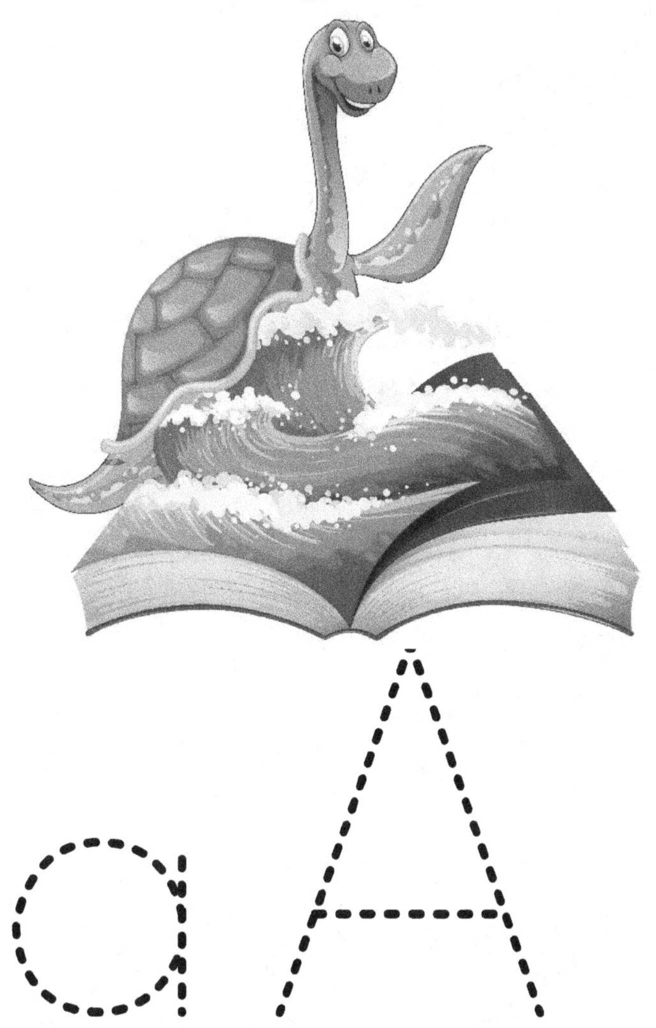

This book belongs to:

____

- -

____

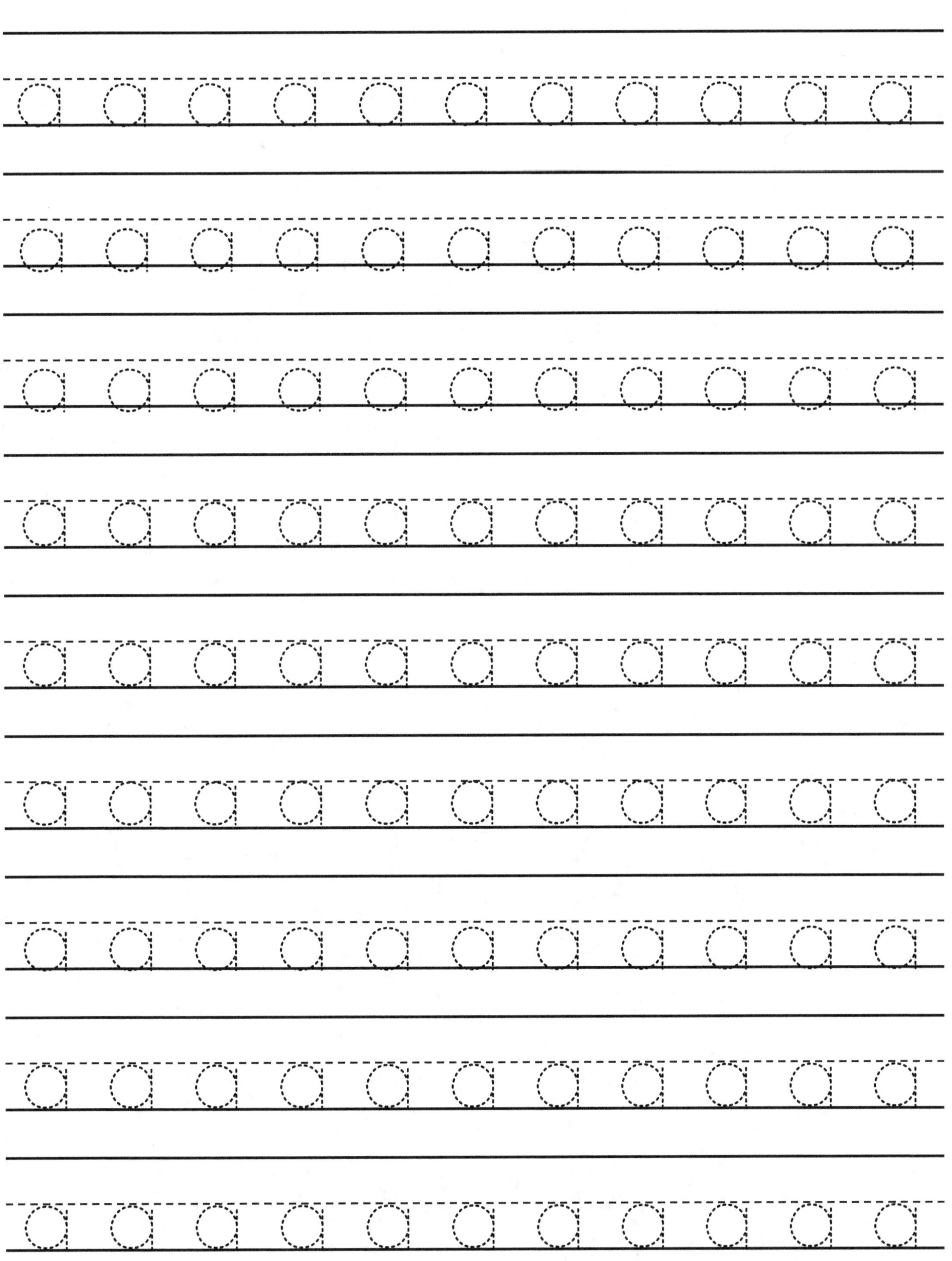

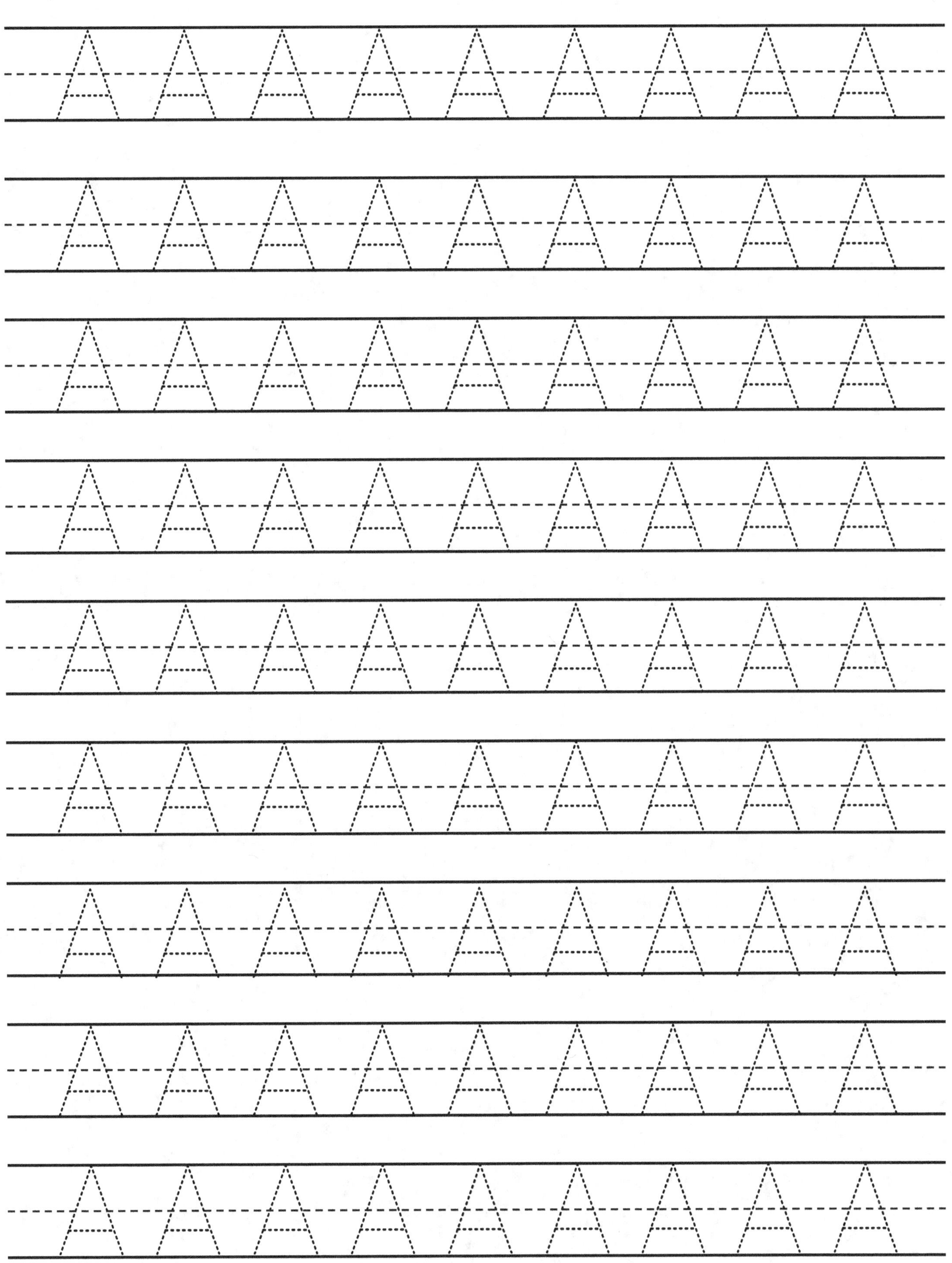

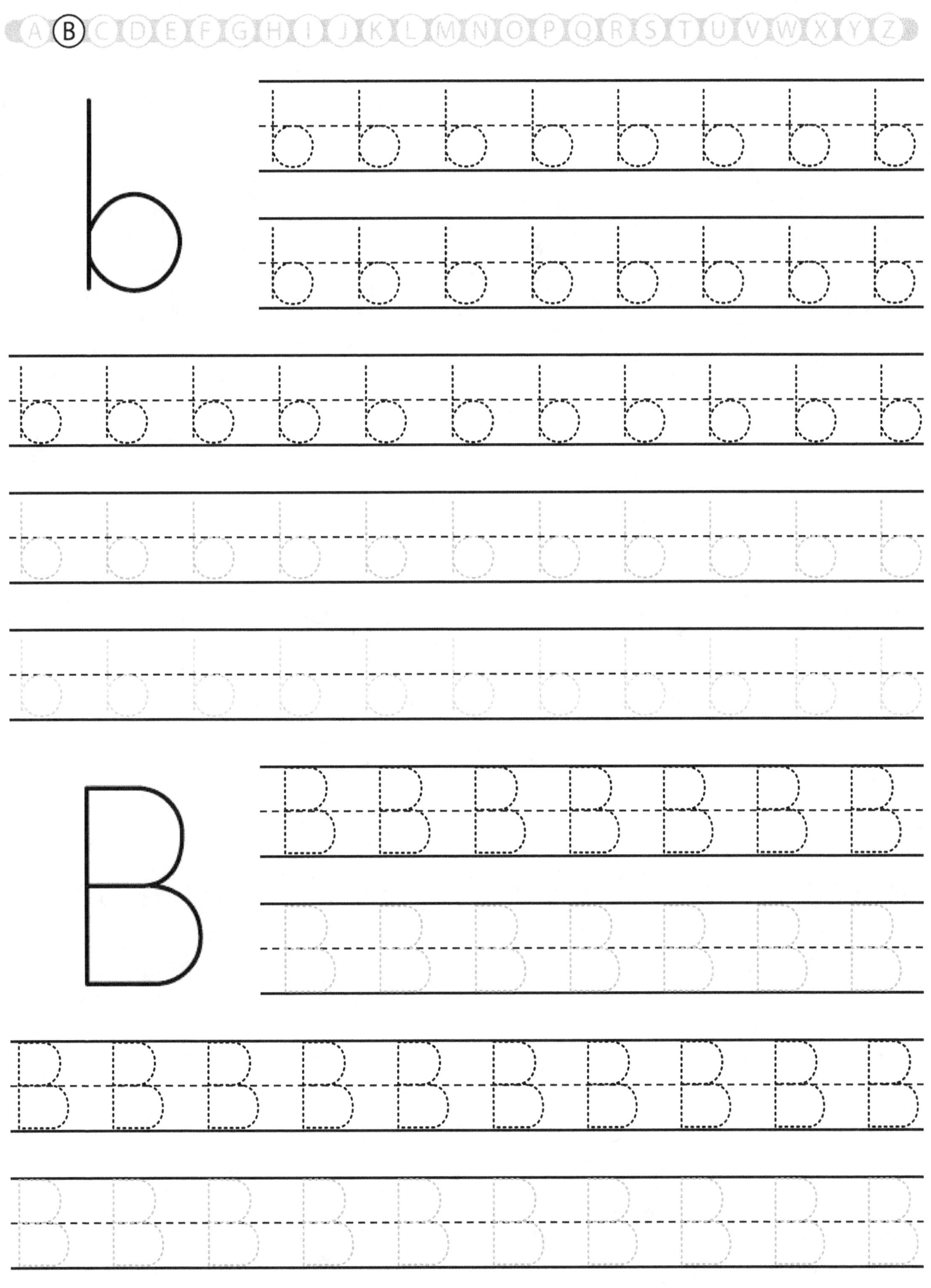

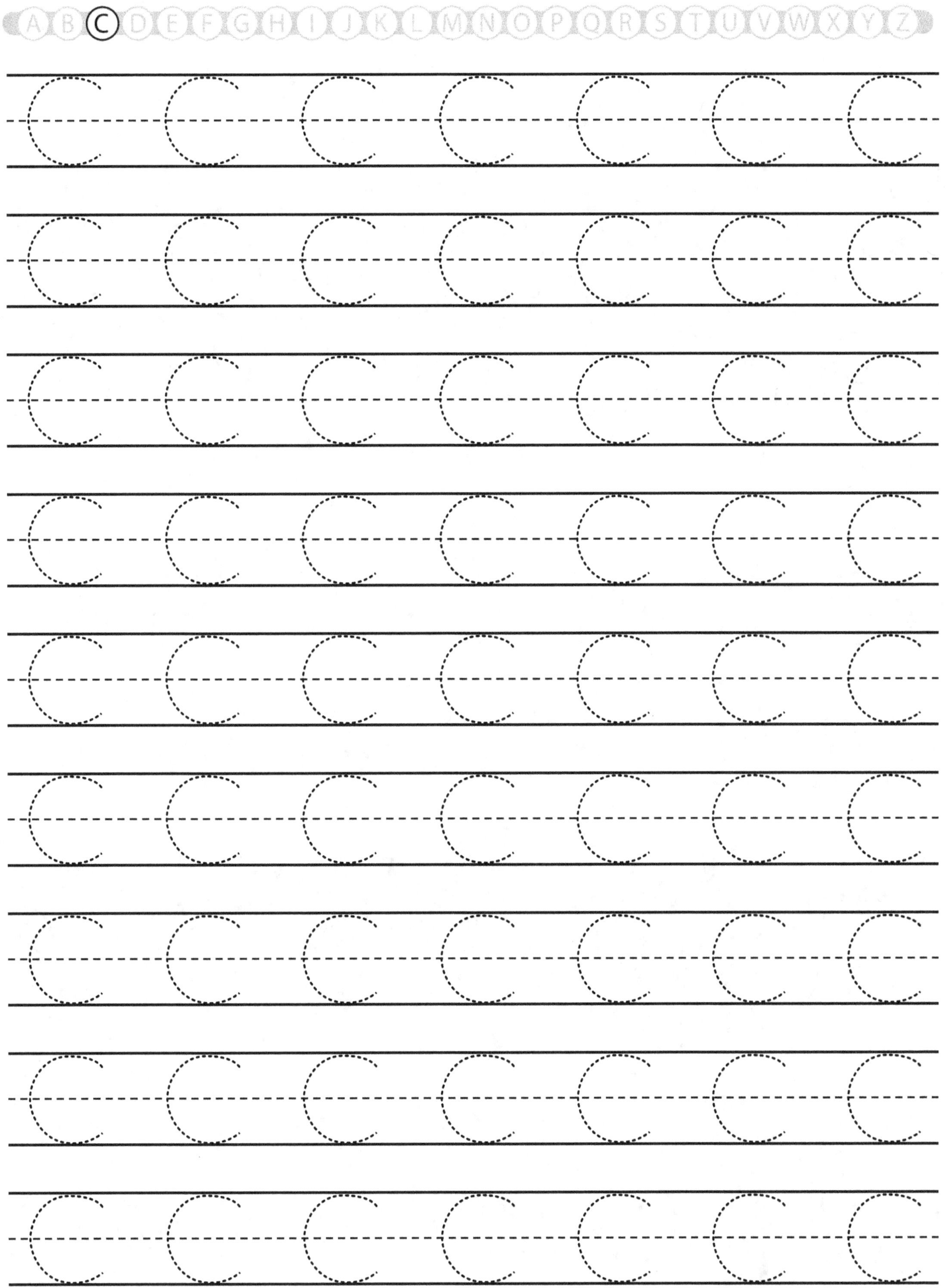

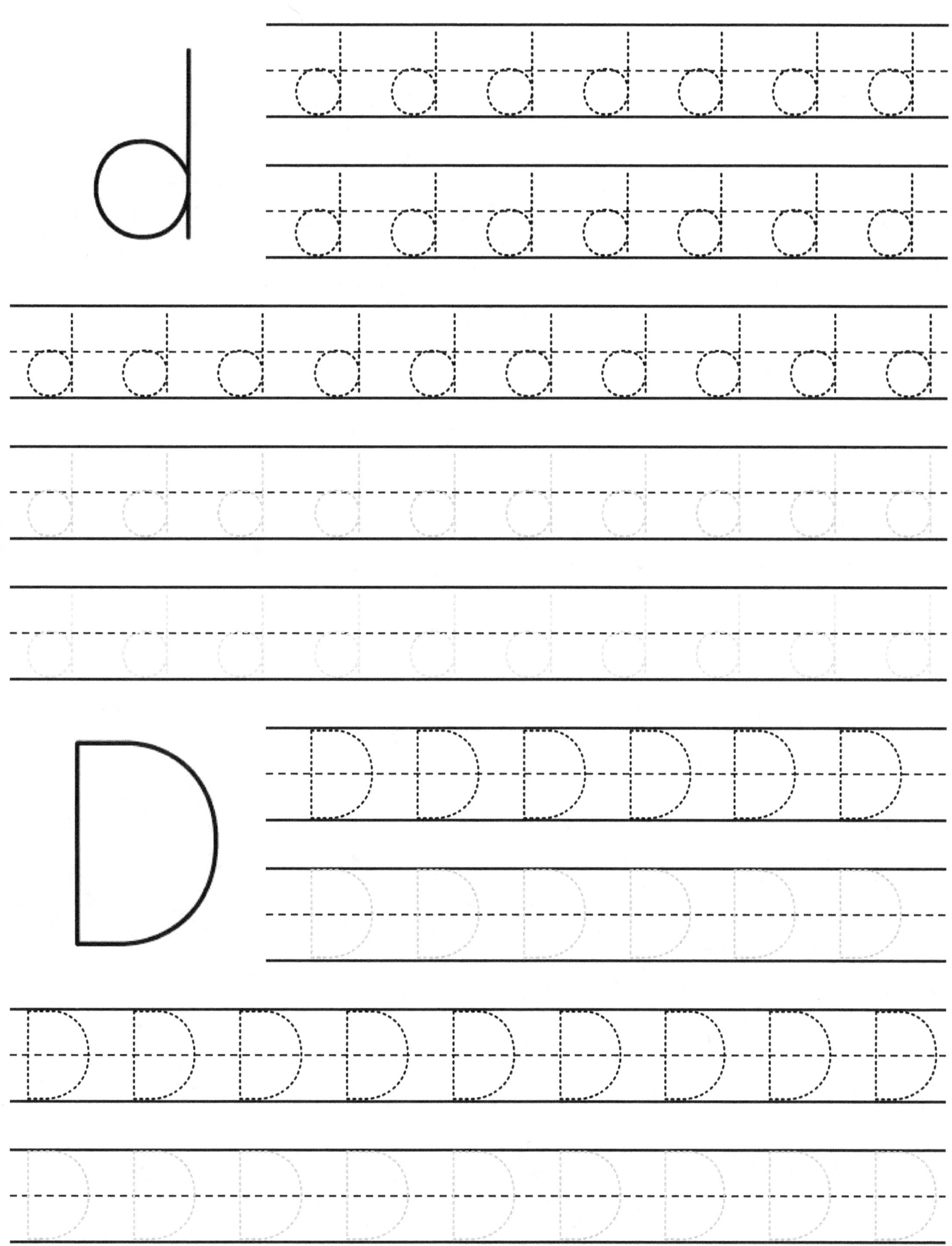

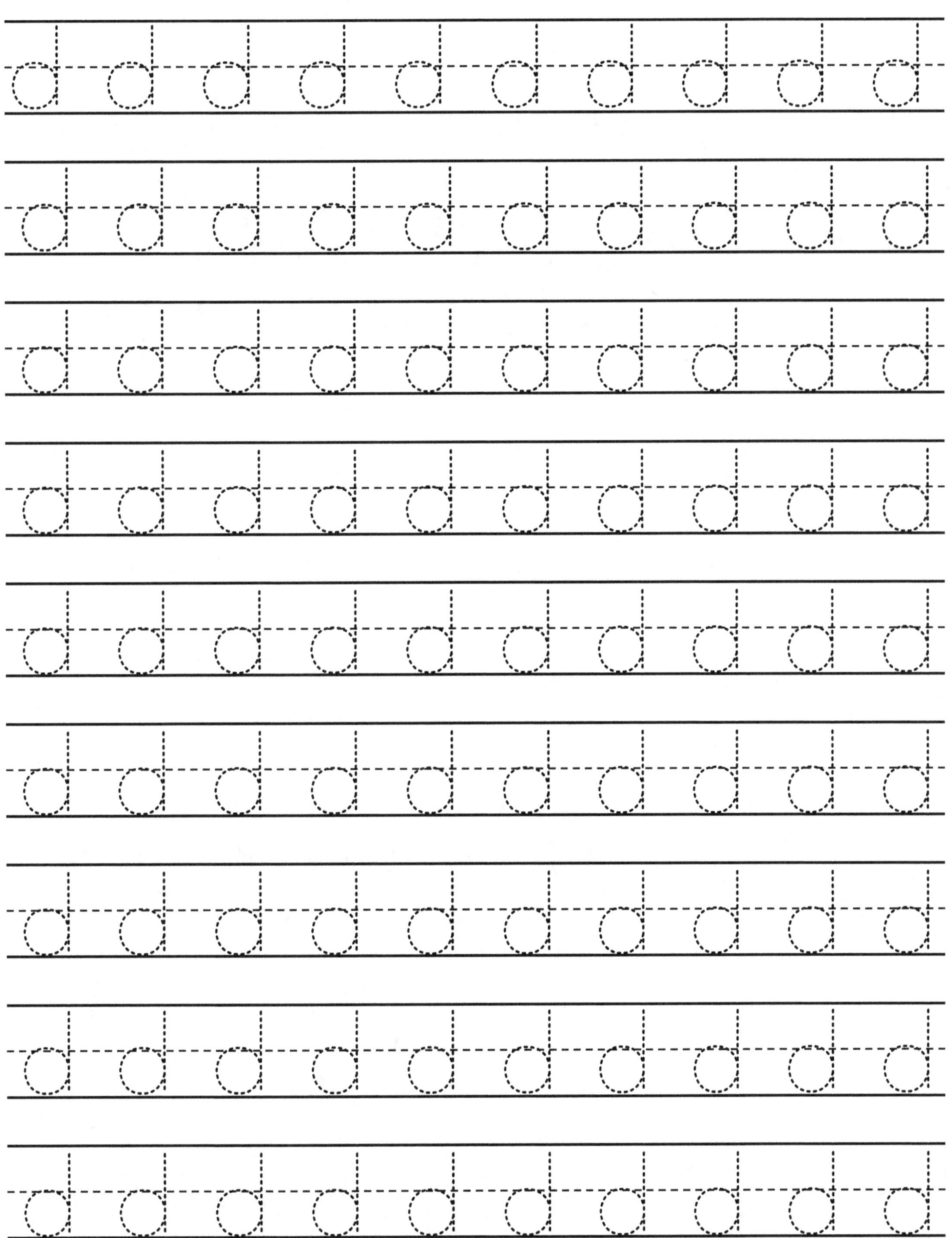

D D D D D D D D D

D D D D D D D D D

D D D D D D D D D

D D D D D D D D D

D D D D D D D D D

D D D D D D D D D

D D D D D D D D D

D D D D D D D D D

D D D D D D D D D

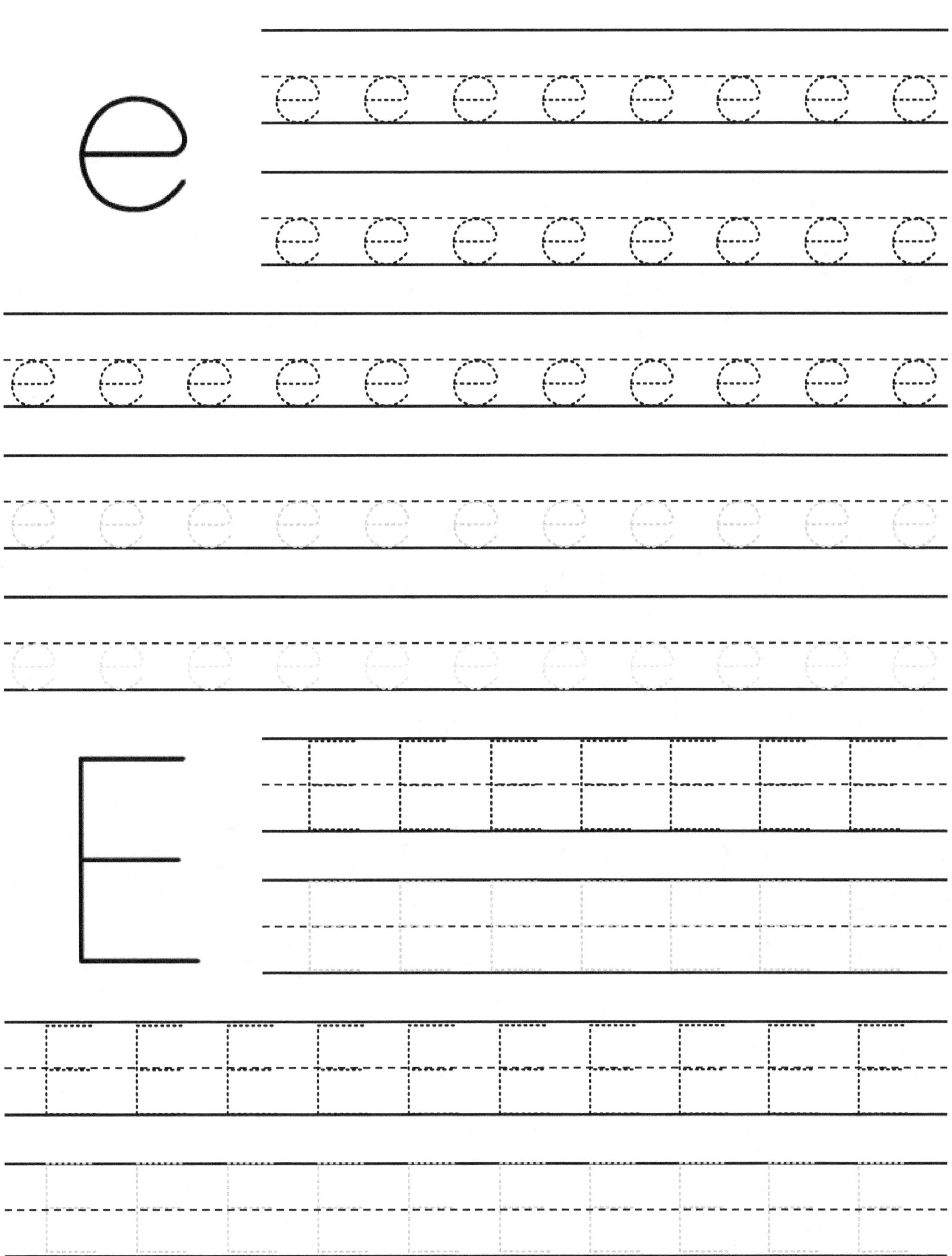

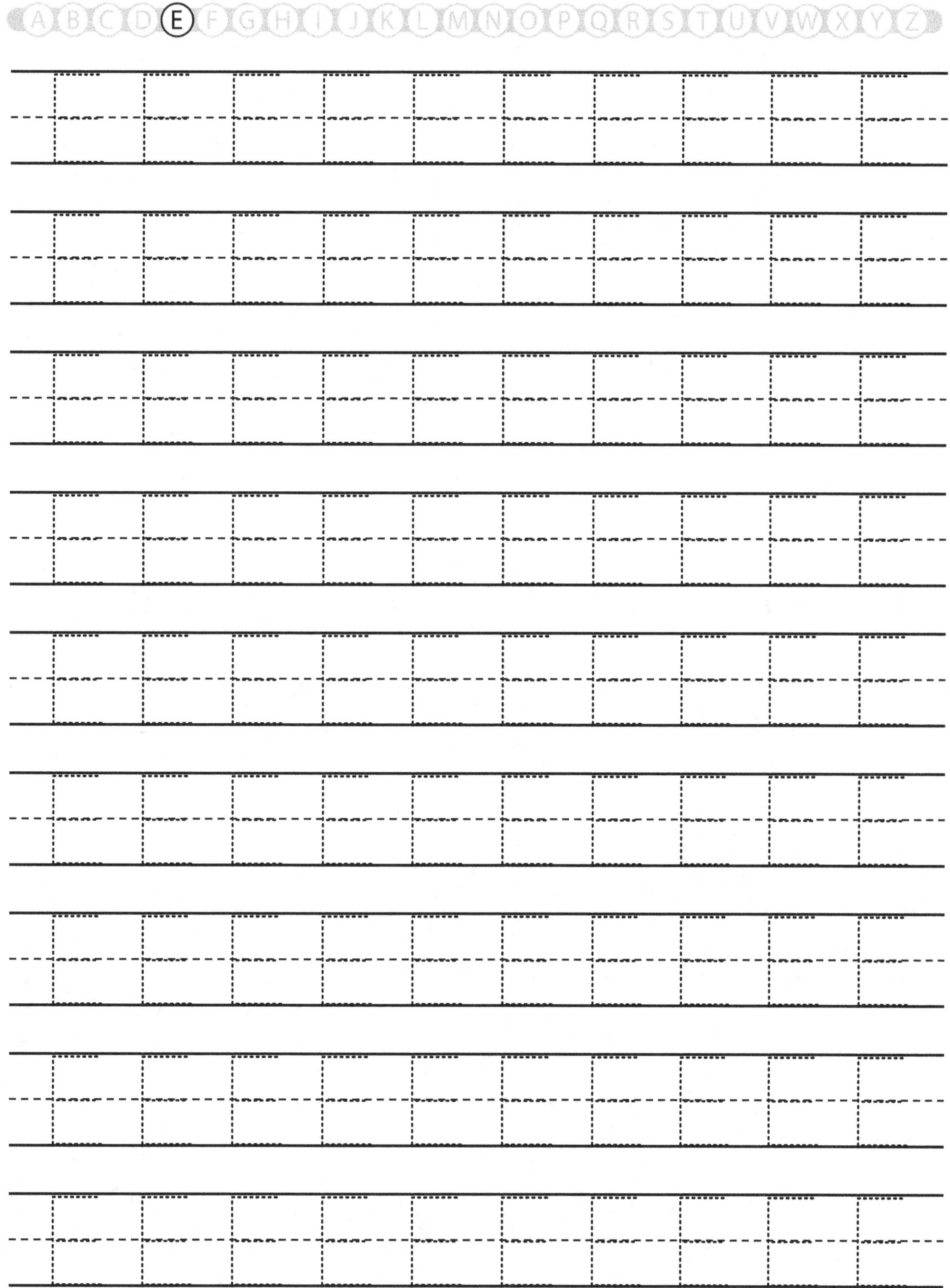

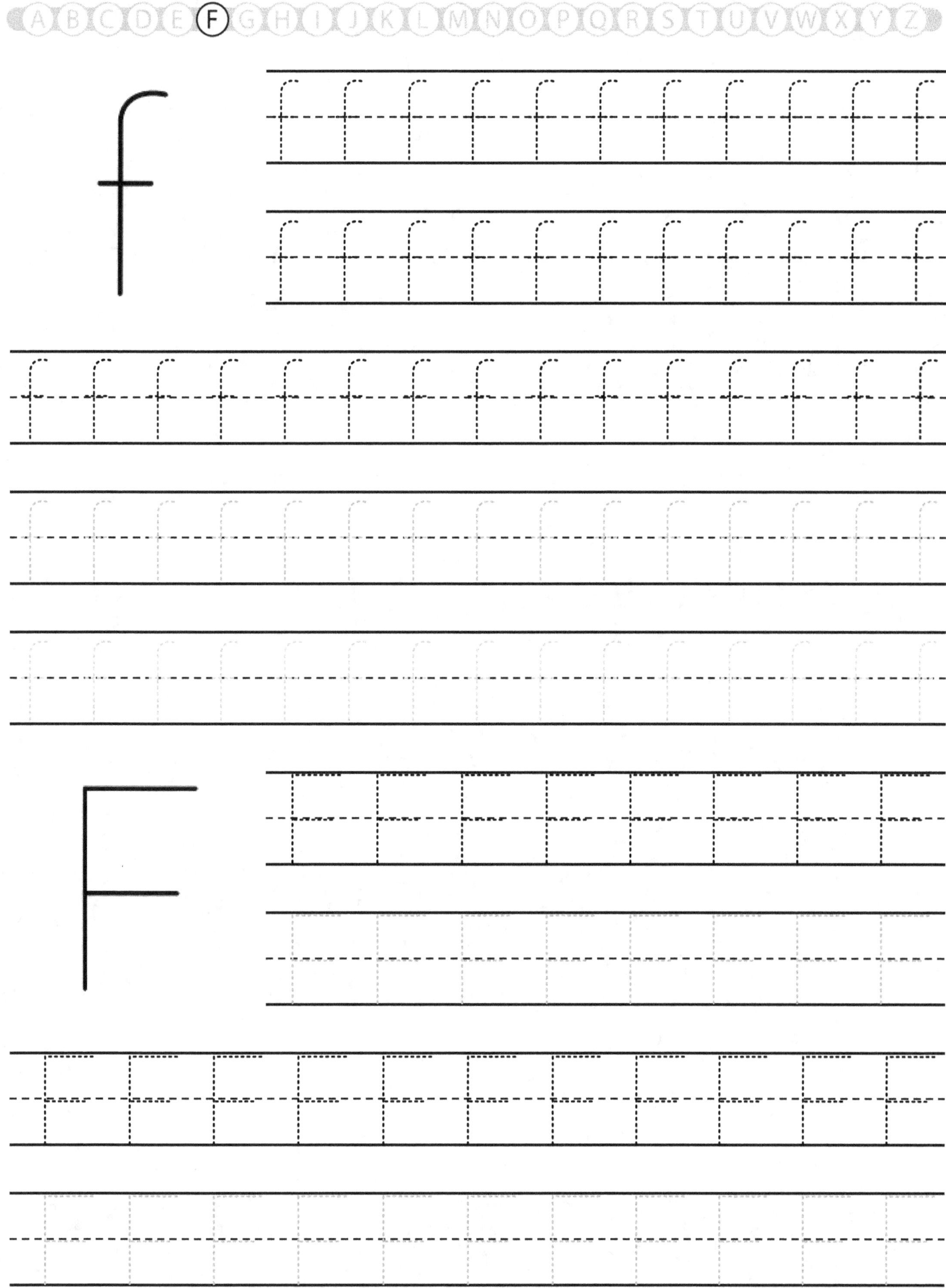
A B C D E F G H I J K L M N O P Q R S T U V W X Y Z

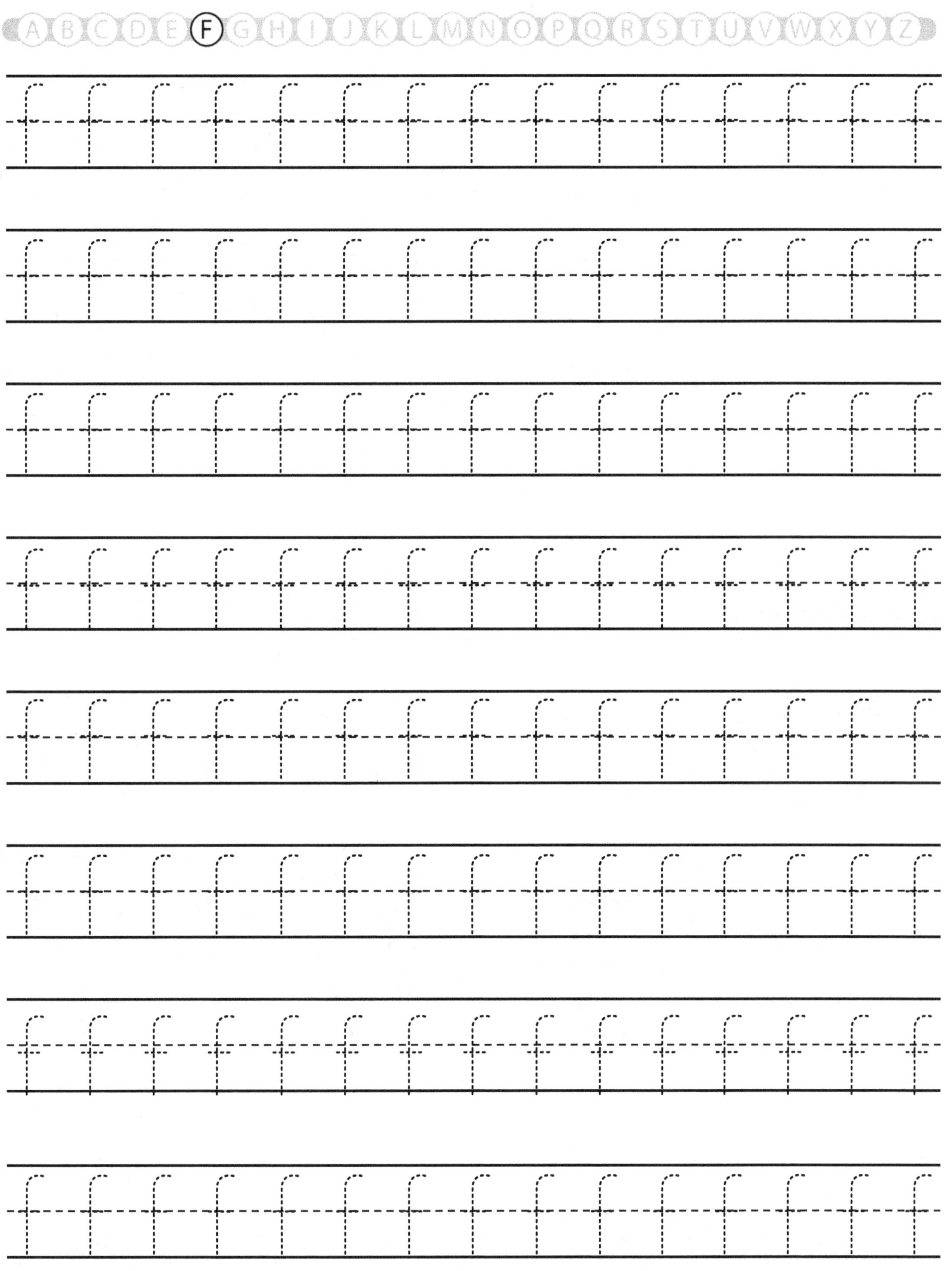

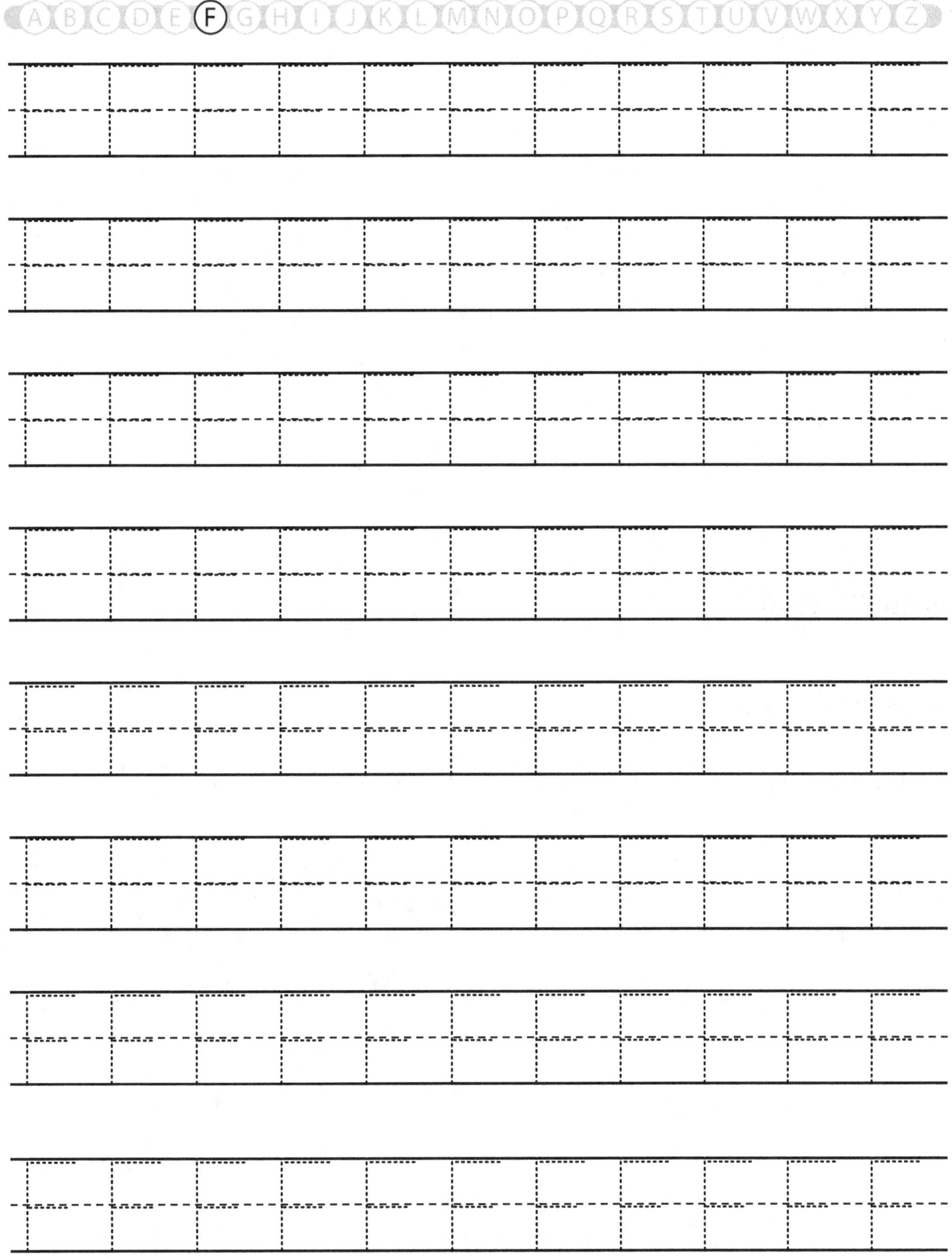
A B C D E F G H I J K L M N O P Q R S T U V W X Y Z

g

g g g g g g g

g g g g g g g

g g g g g g g g g g

g g g g g g g g g

G

G G G G G G

G G G G G G

G G G G G G G G

G G G G G G G

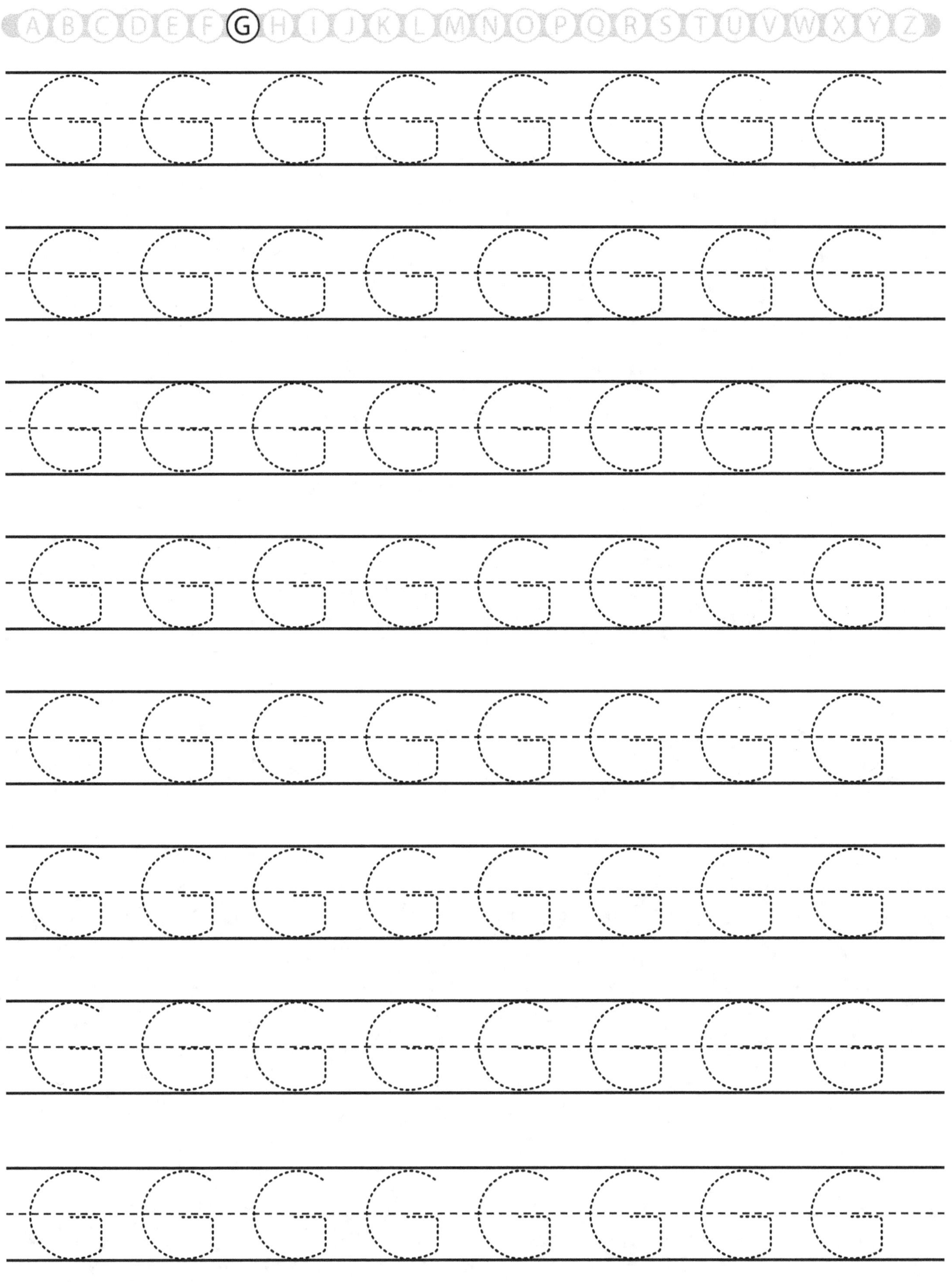

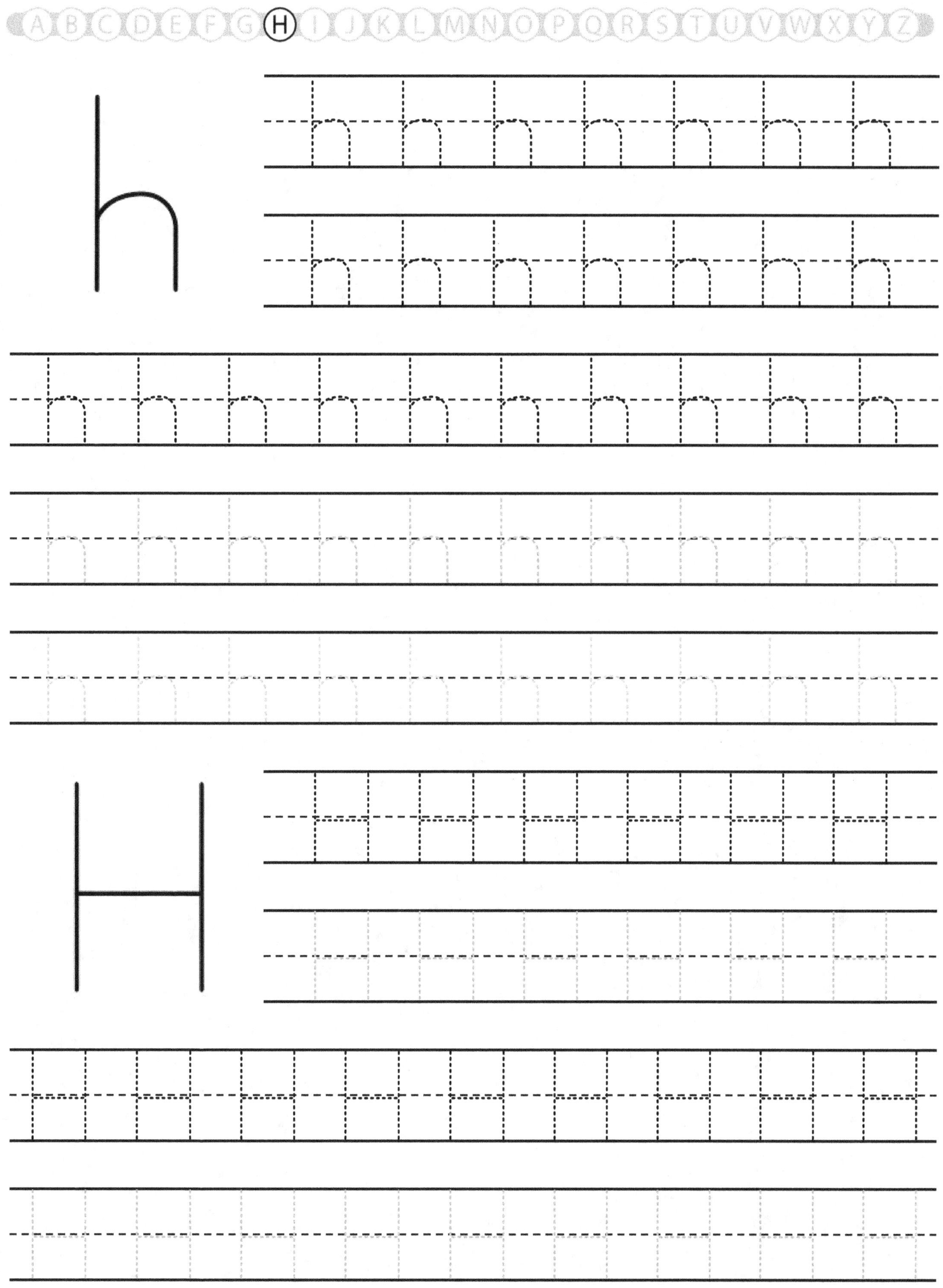

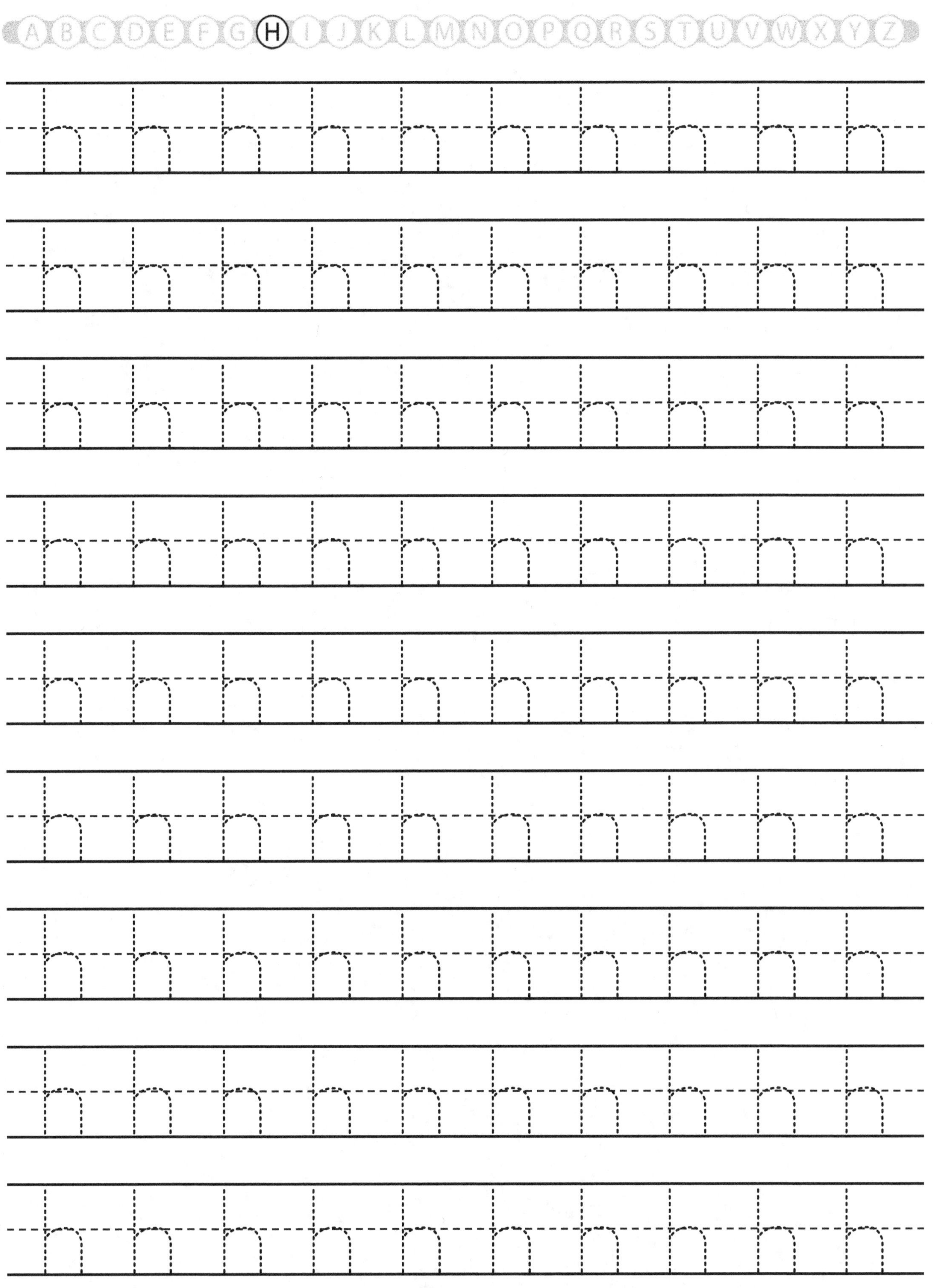

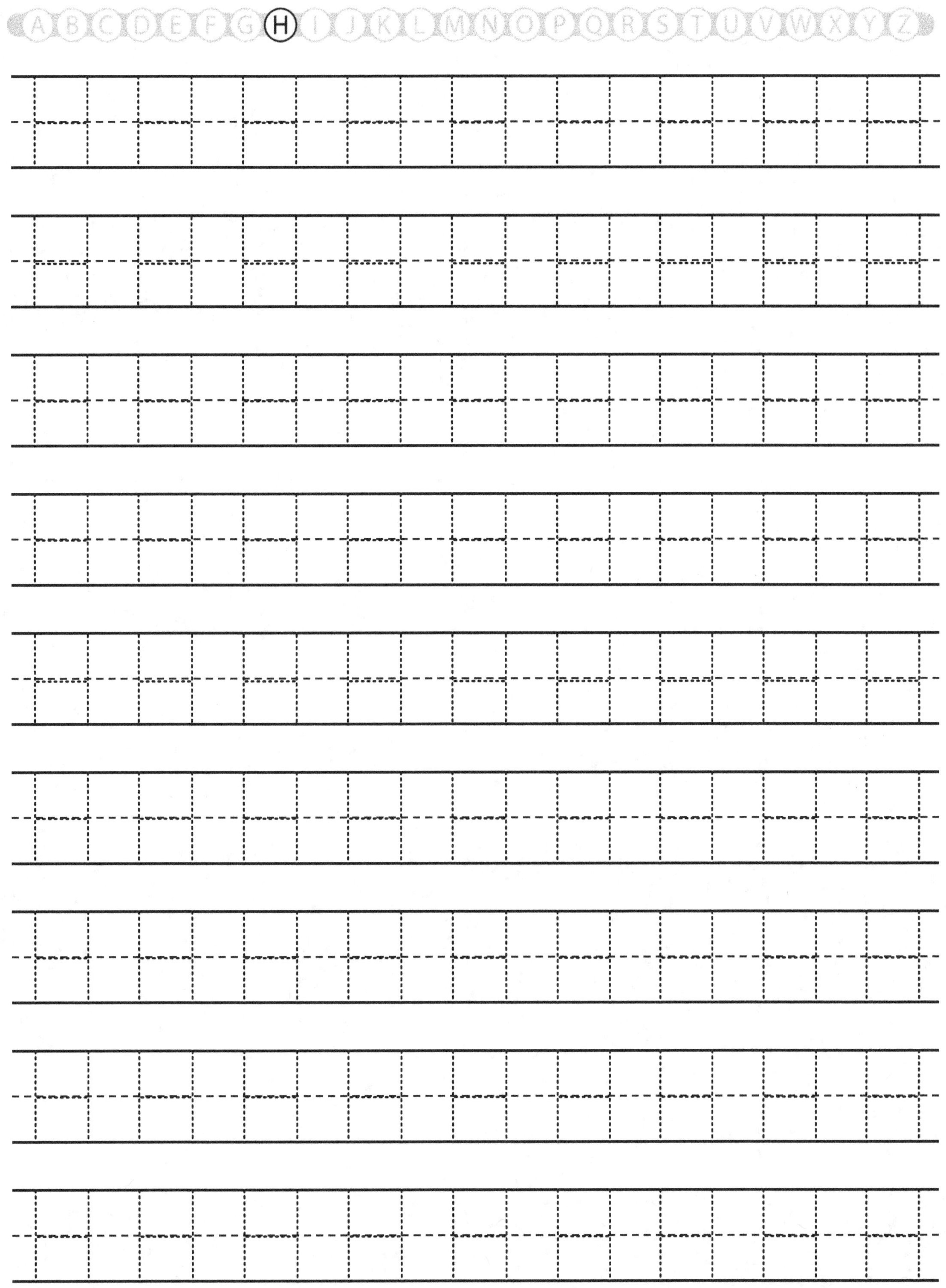

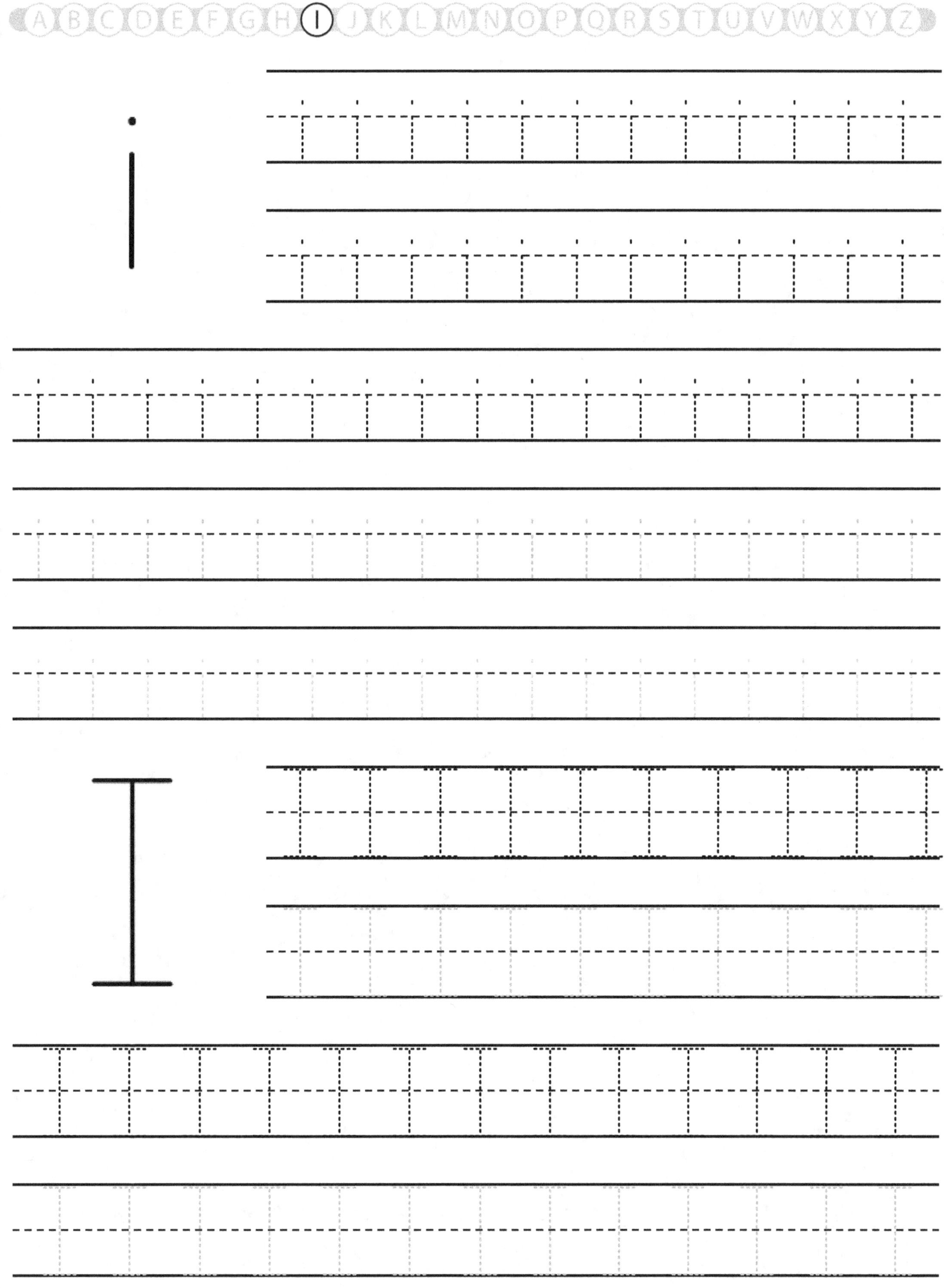

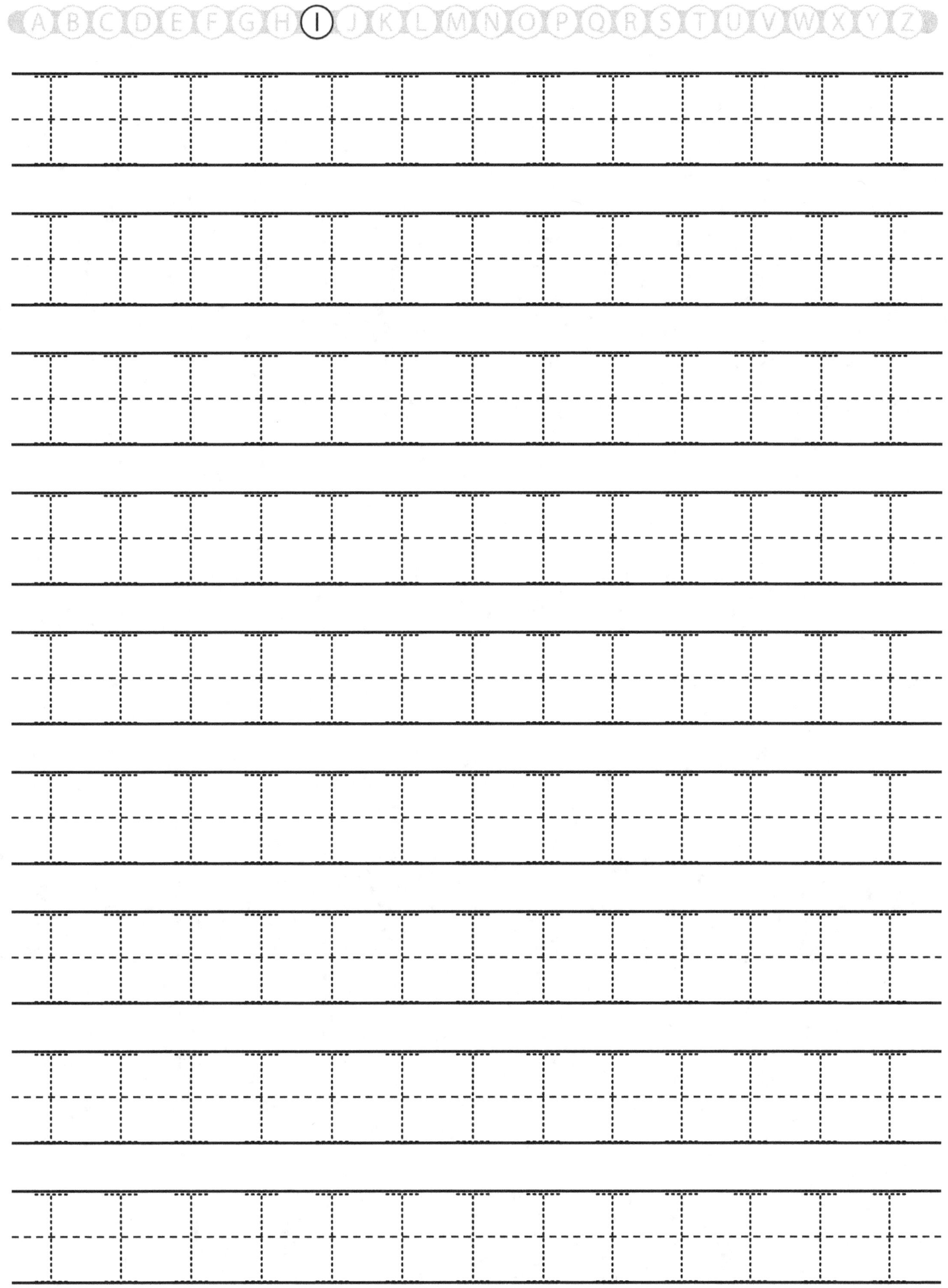

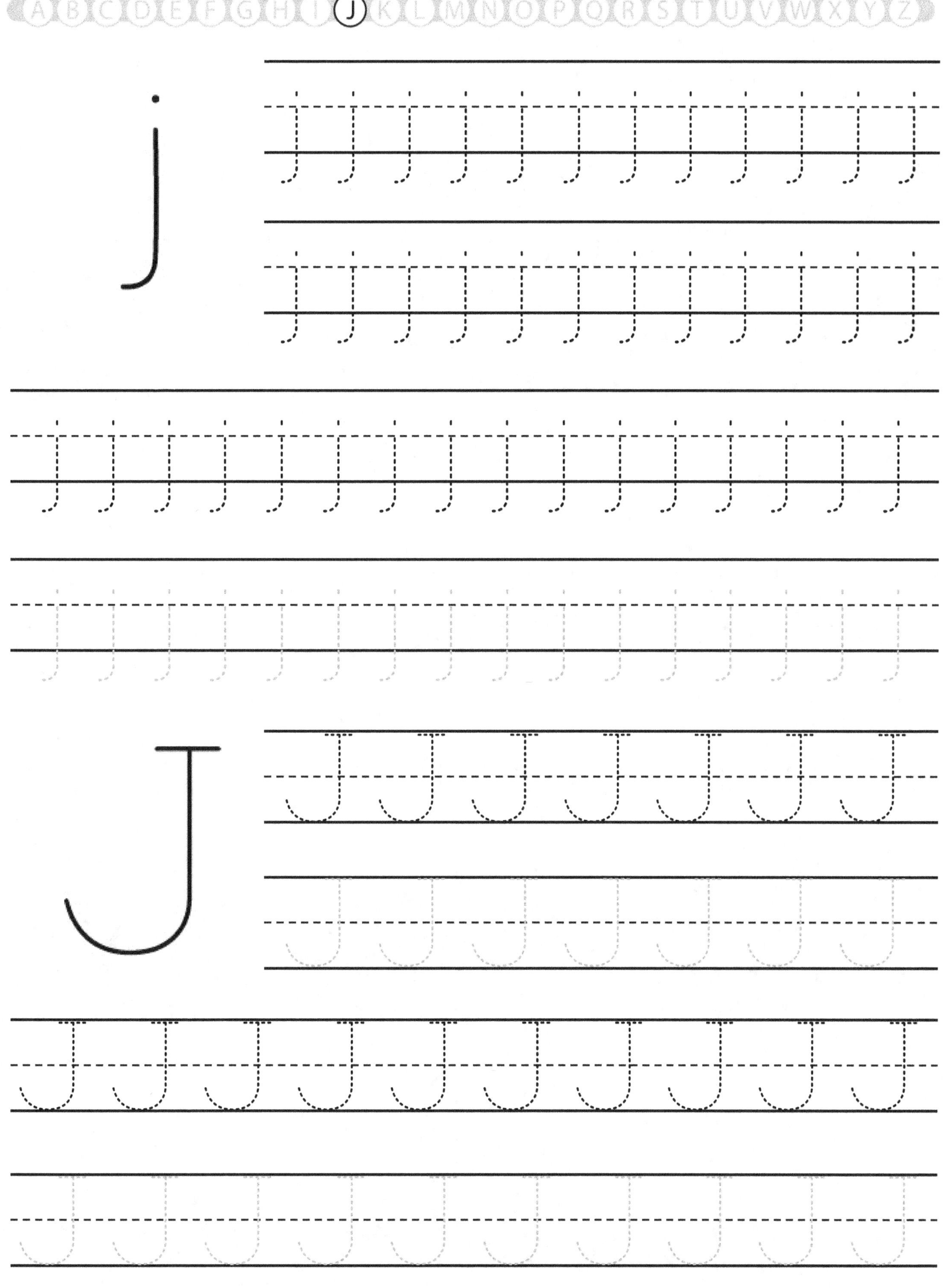

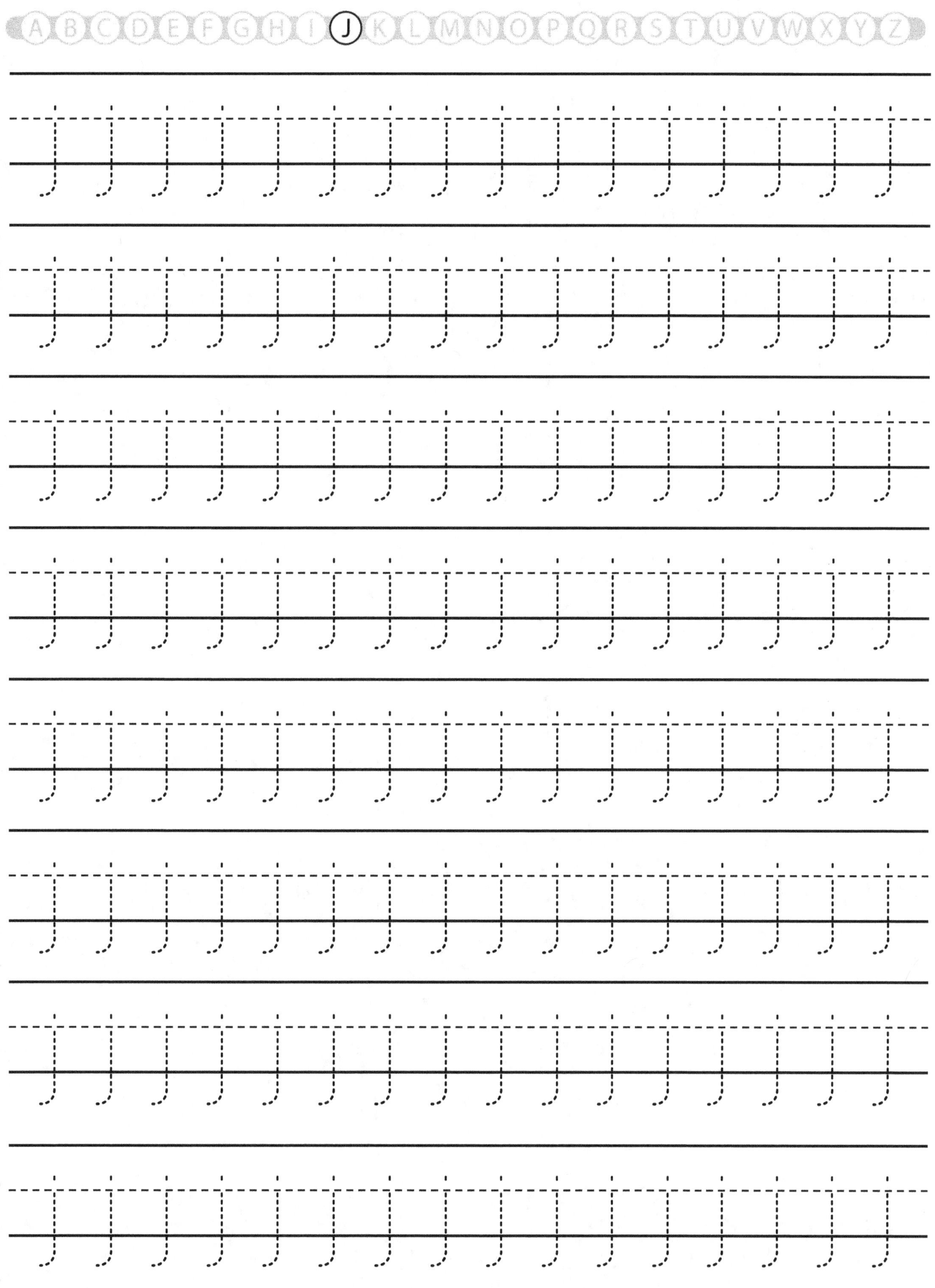

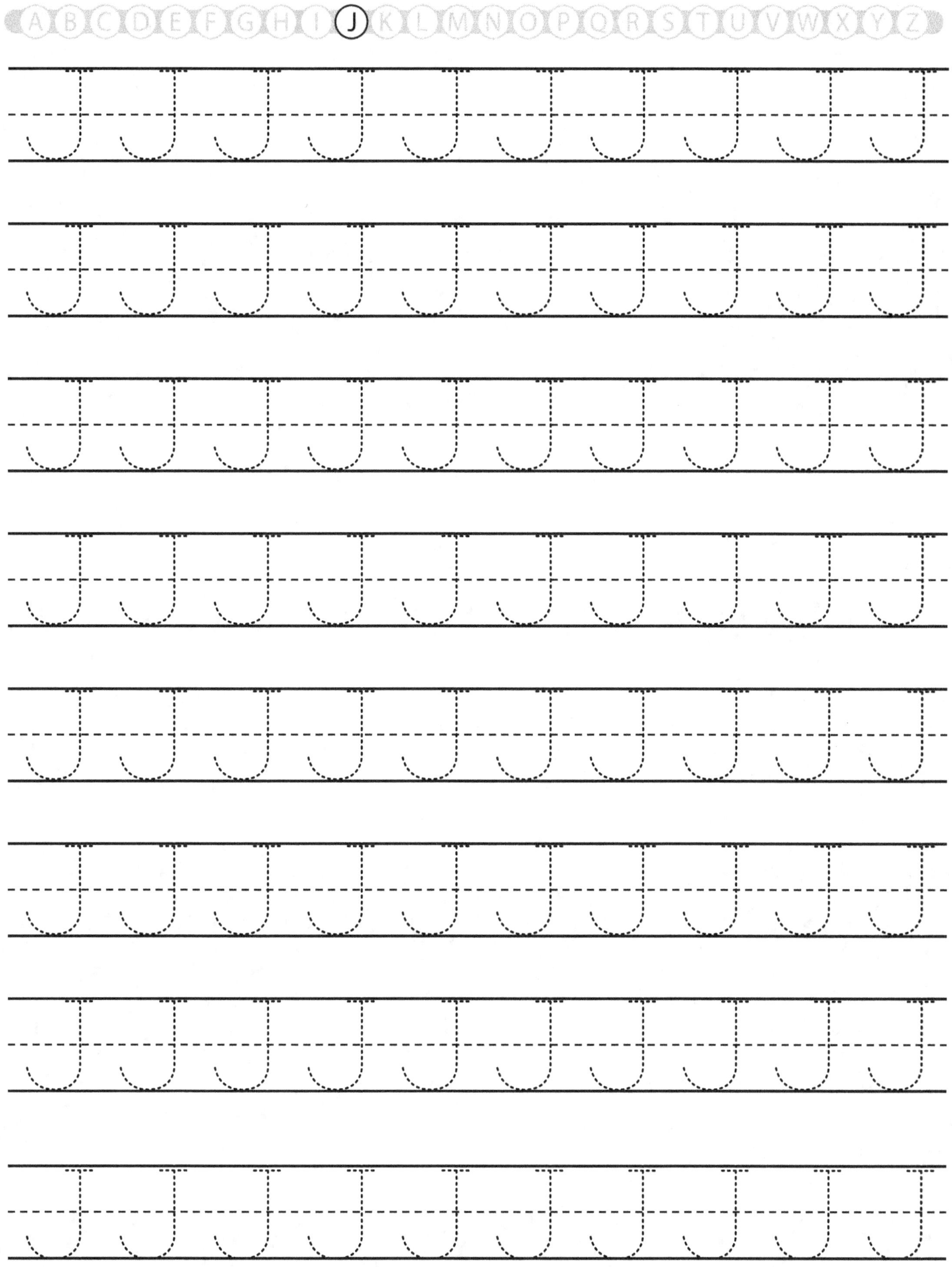

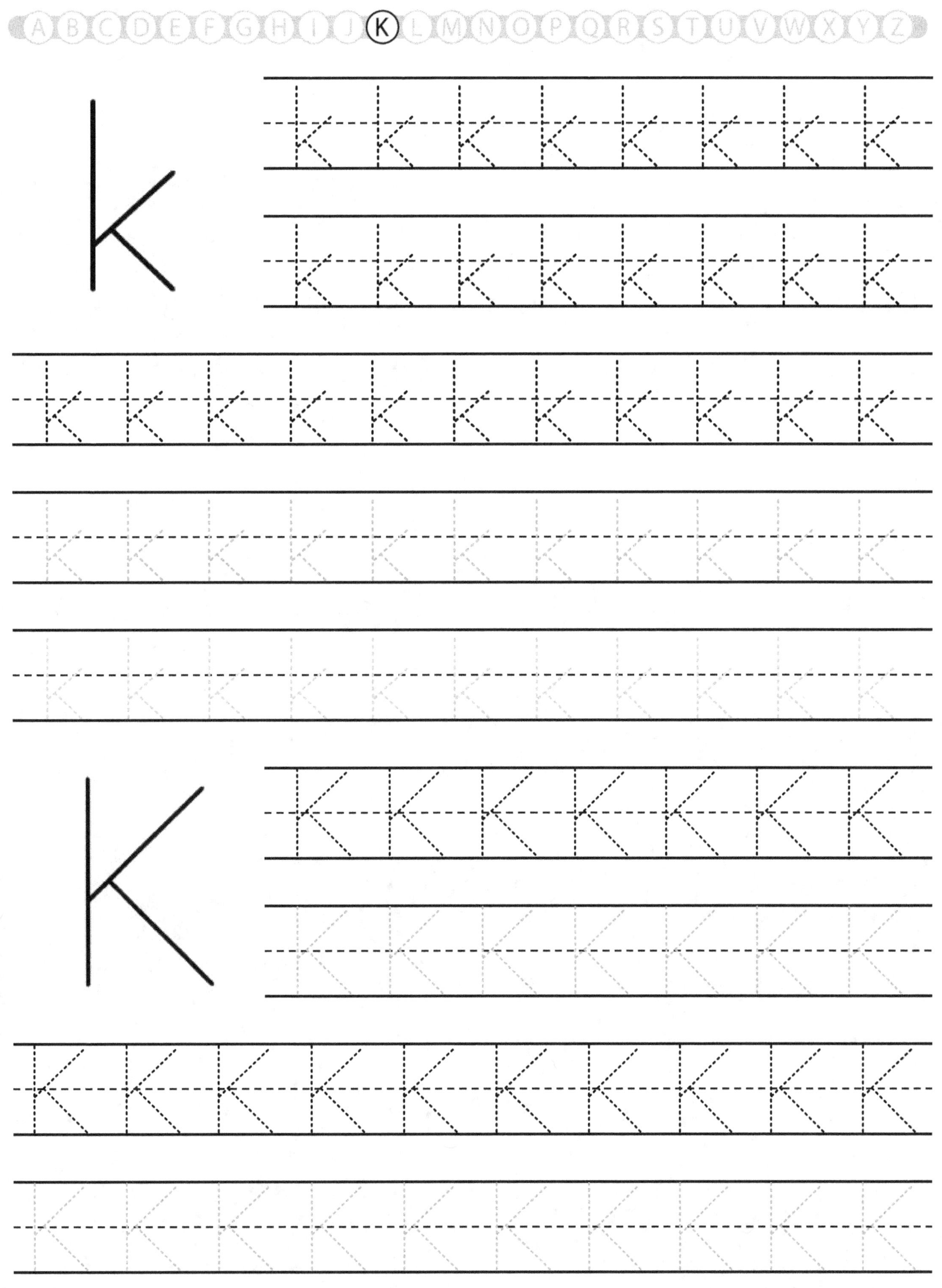

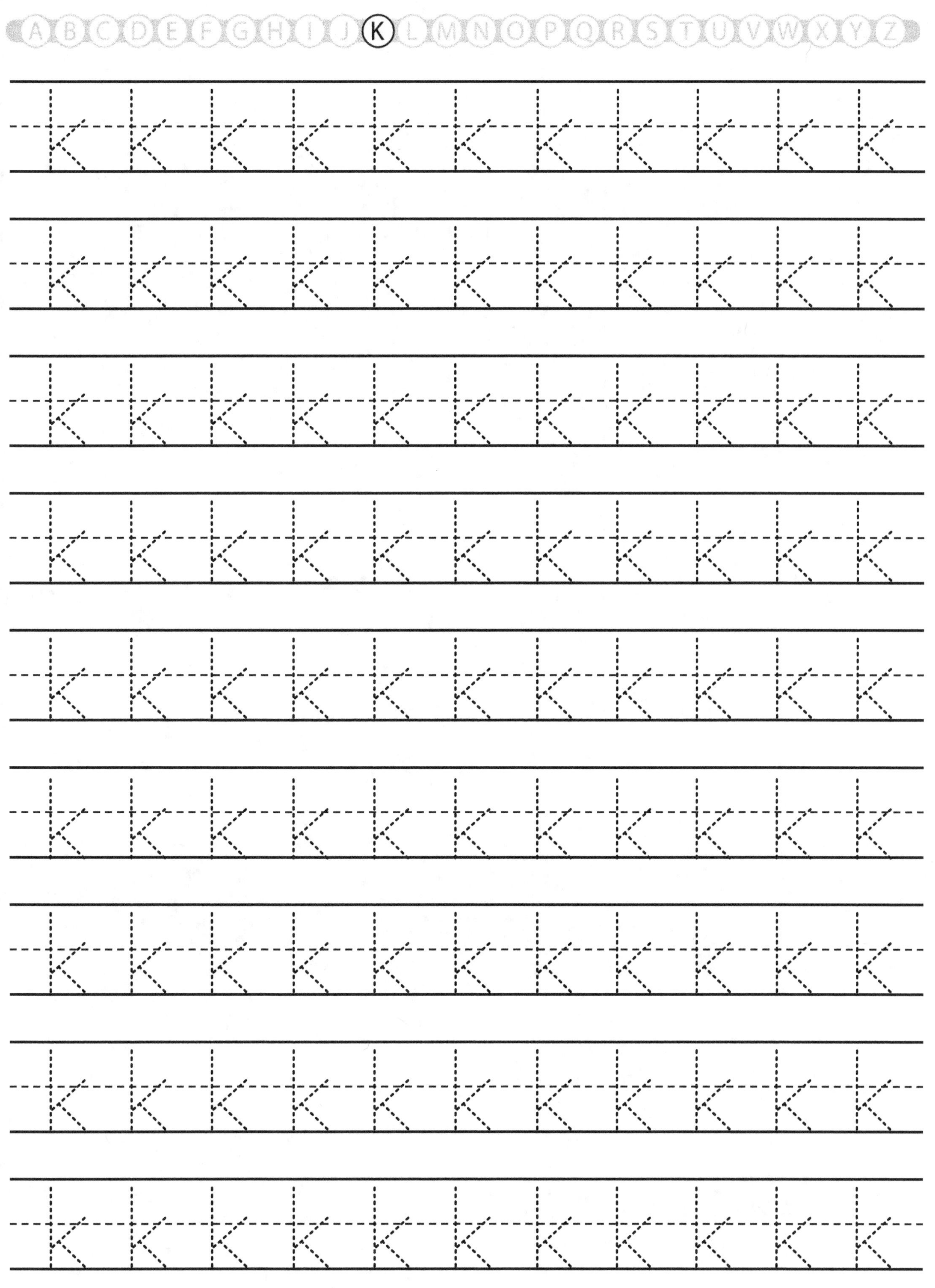

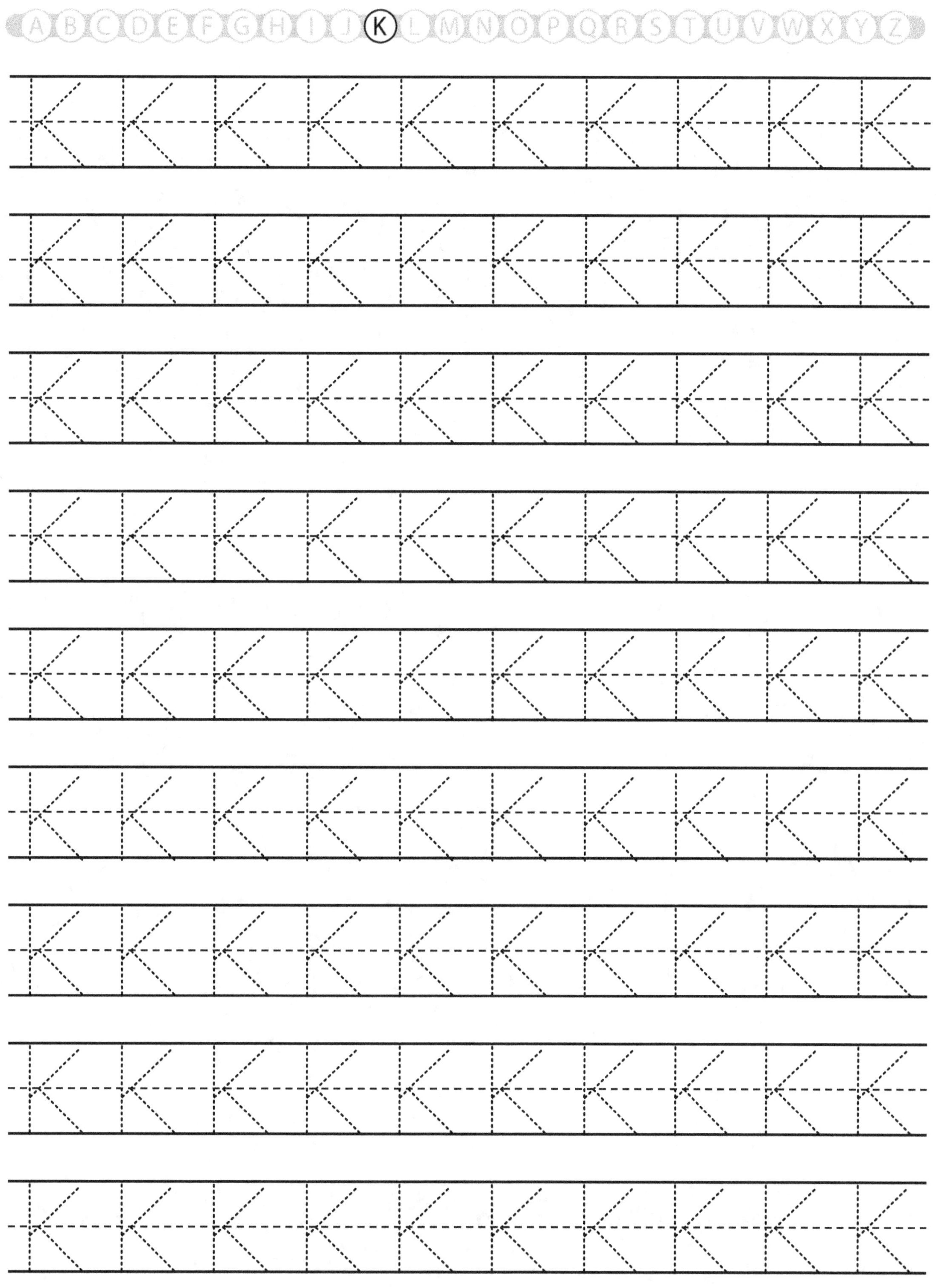

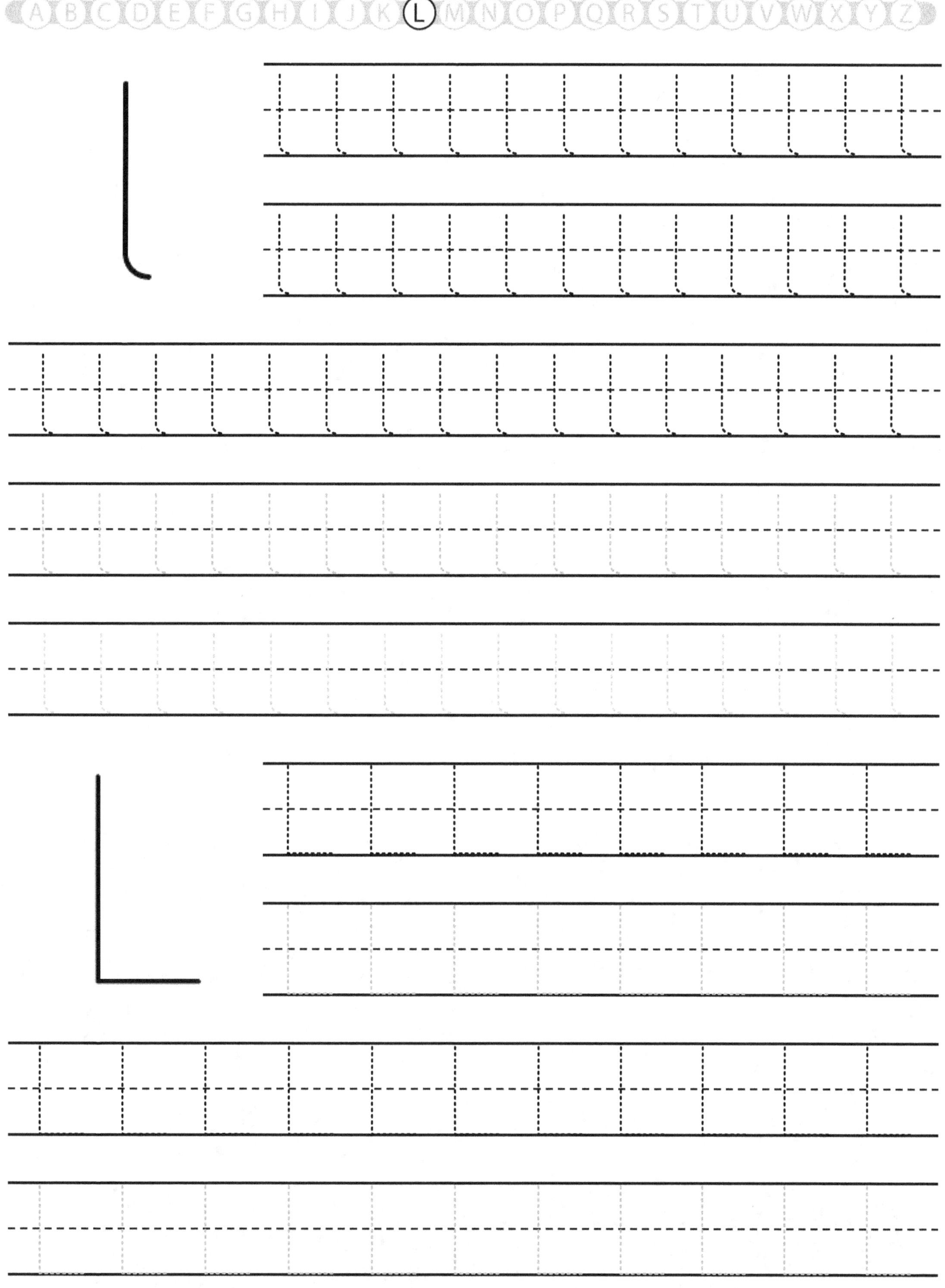

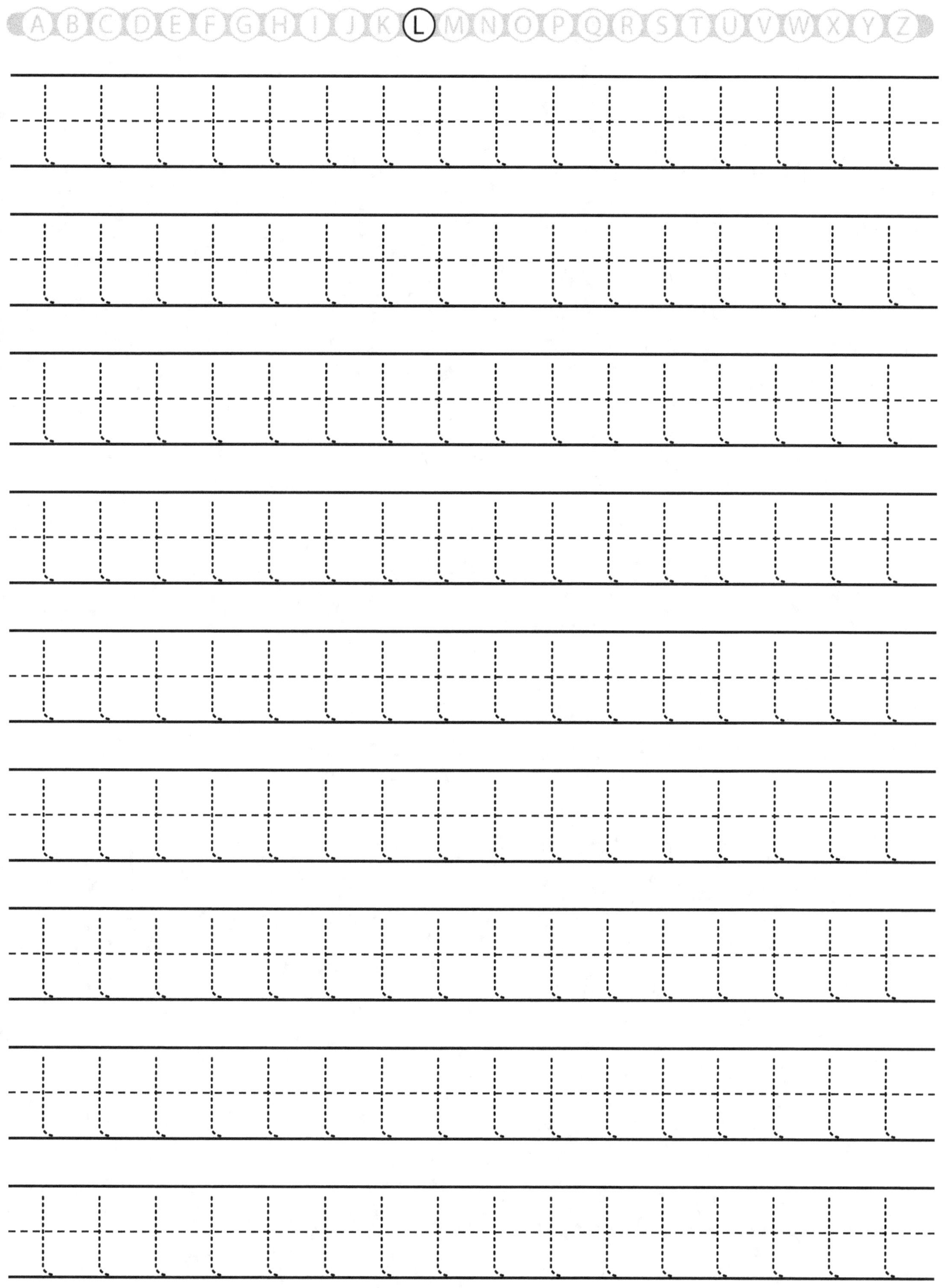

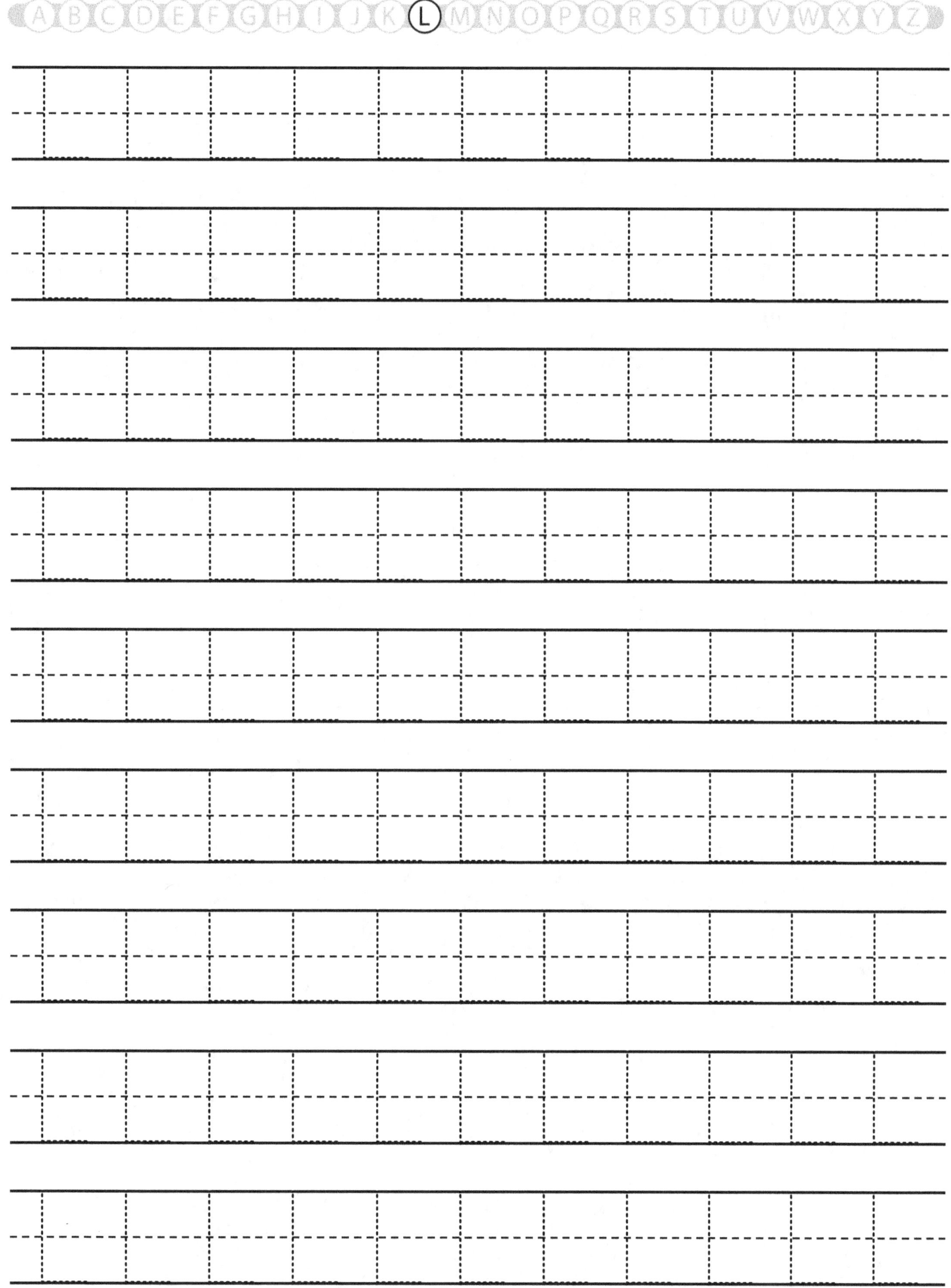
A B C D E F G H I J K L M N O P Q R S T U V W X Y Z

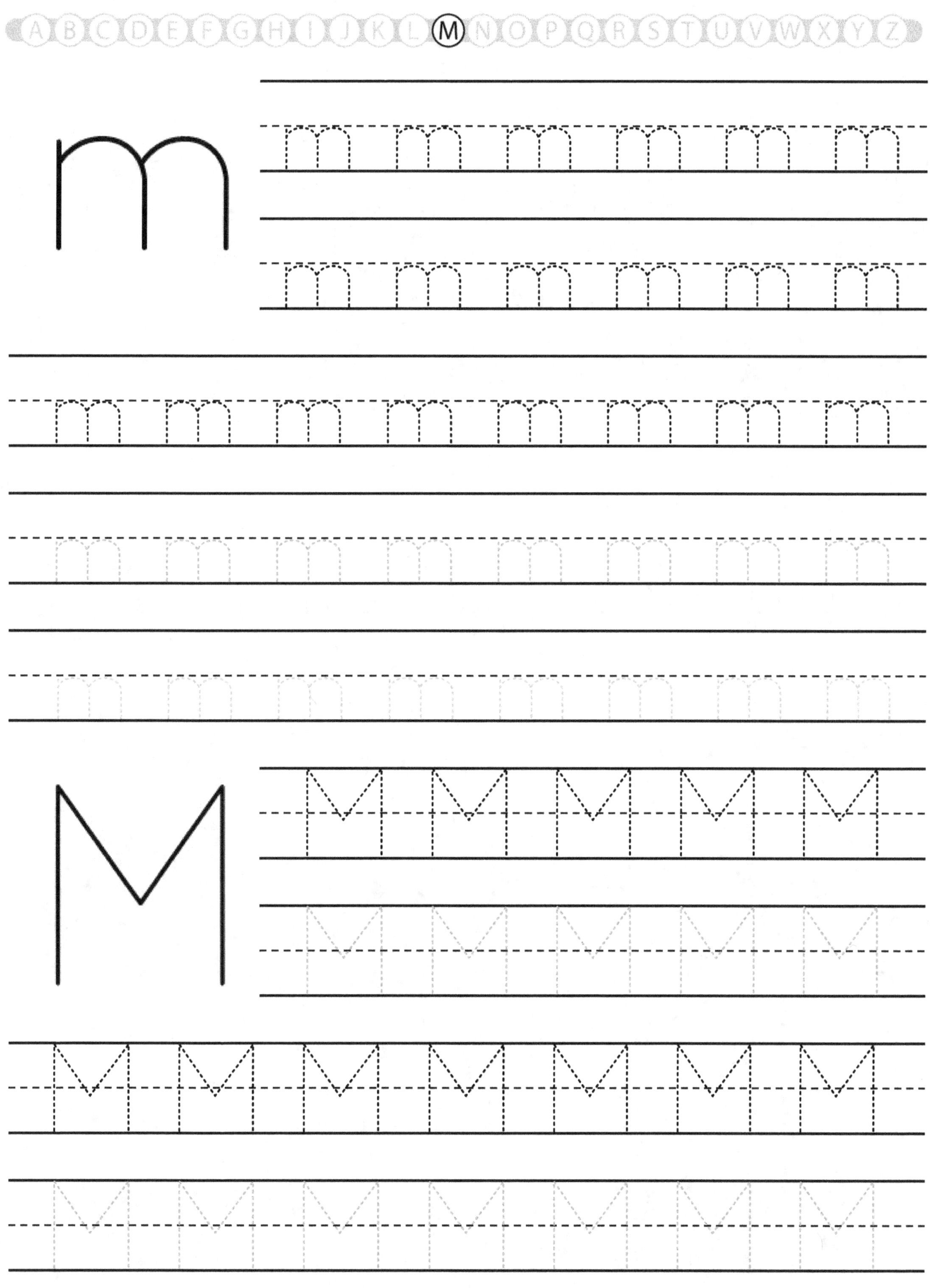

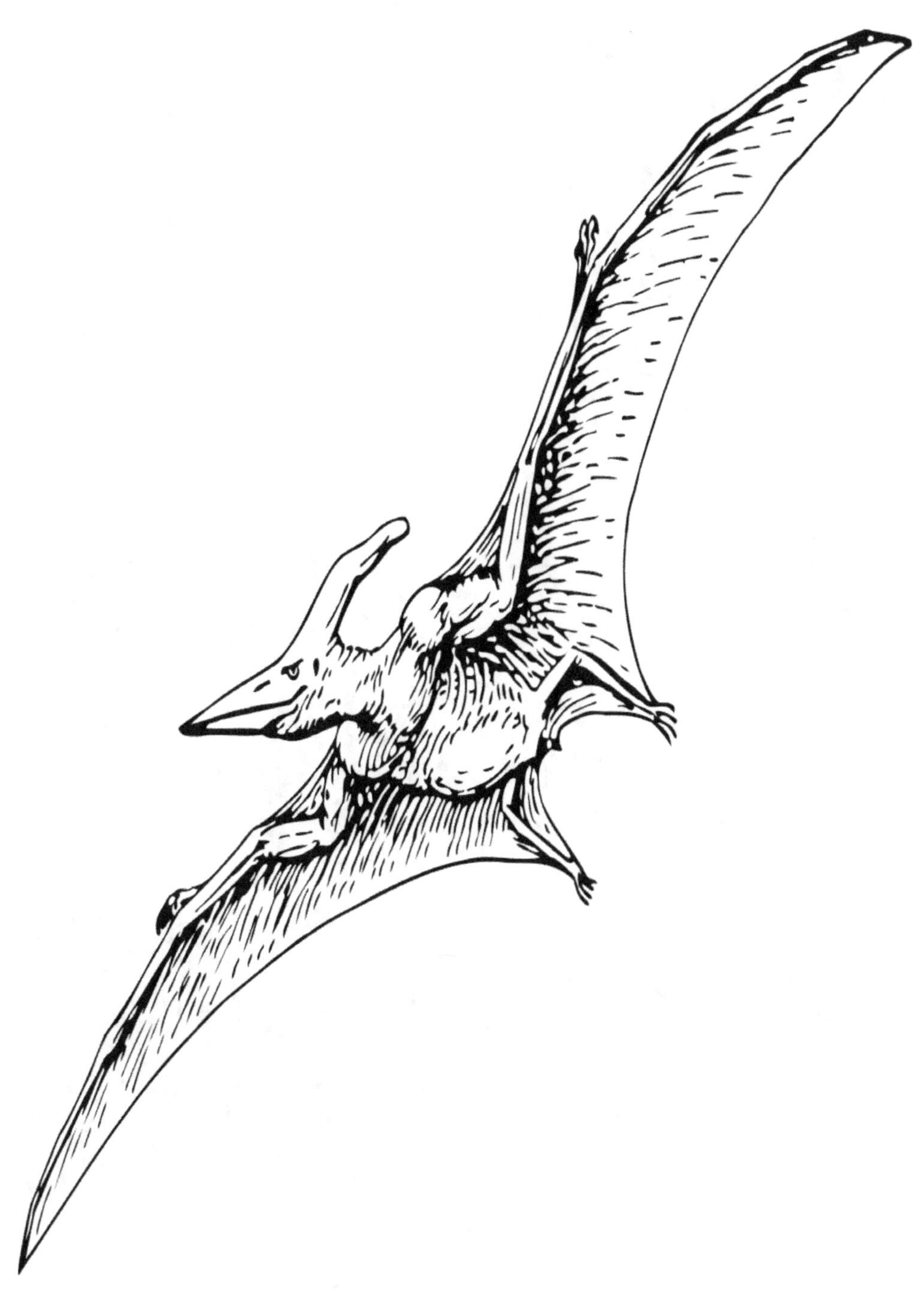

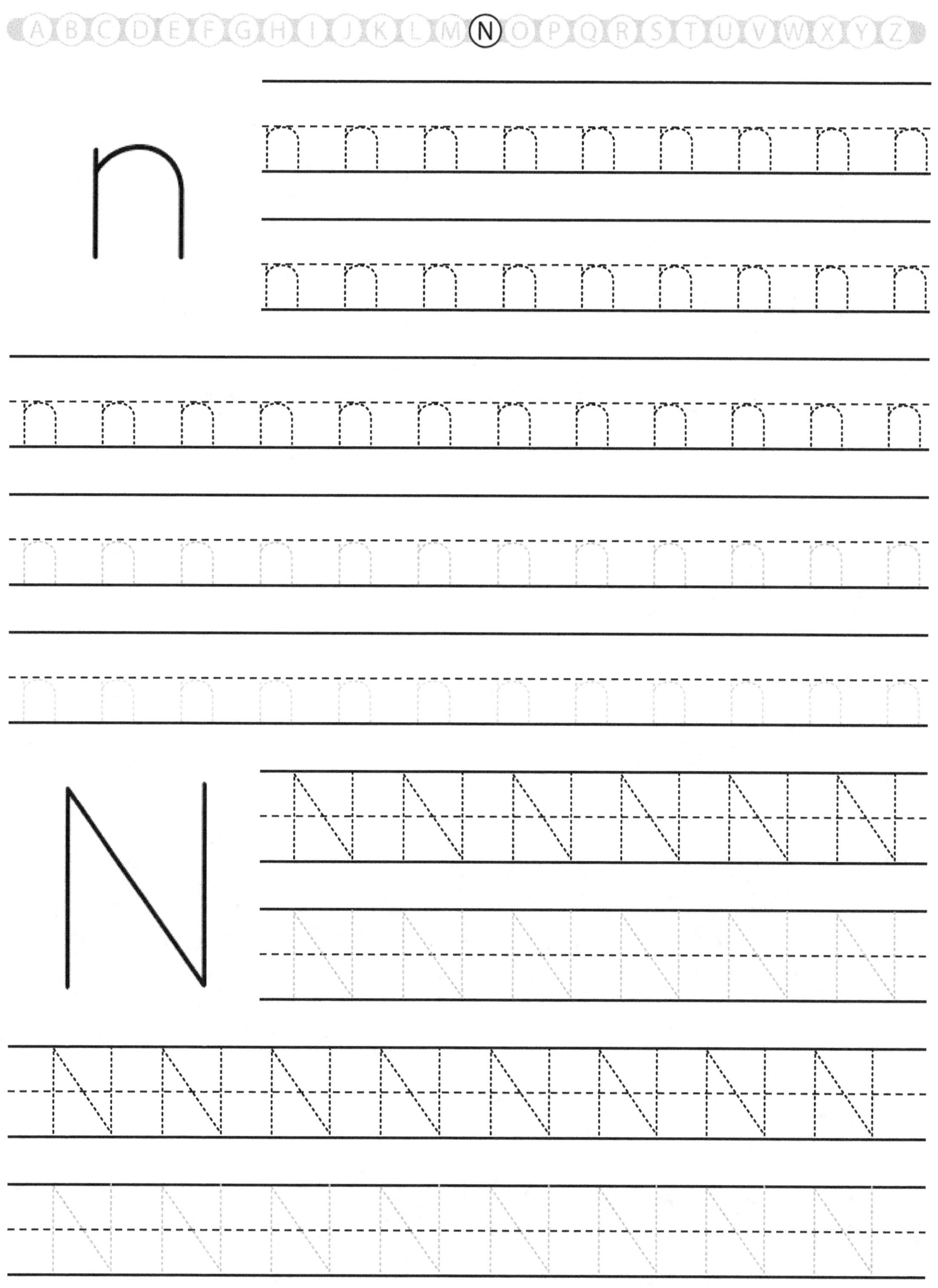

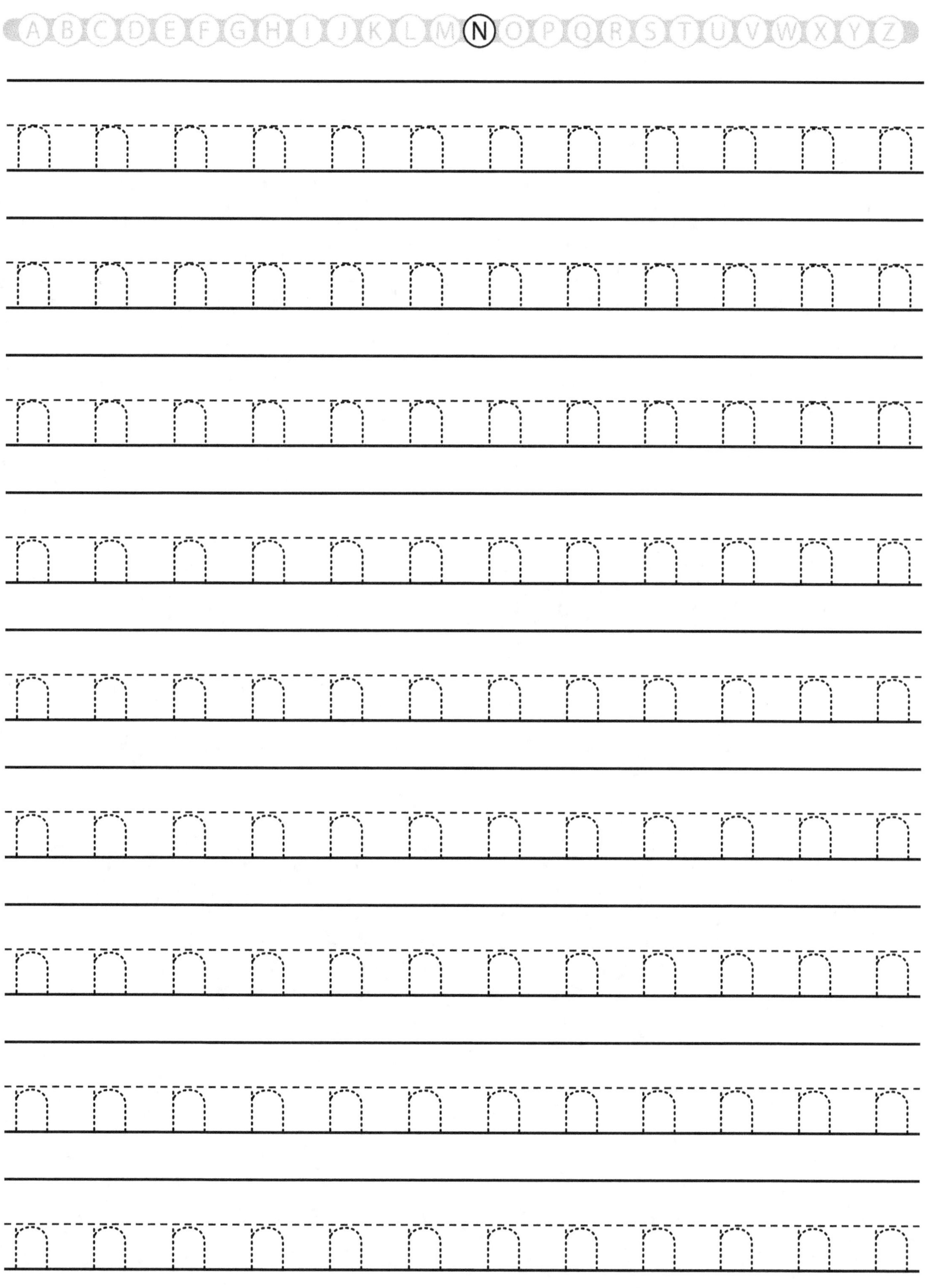
A B C D E F G H I J K L M N O P Q R S T U V W X Y Z

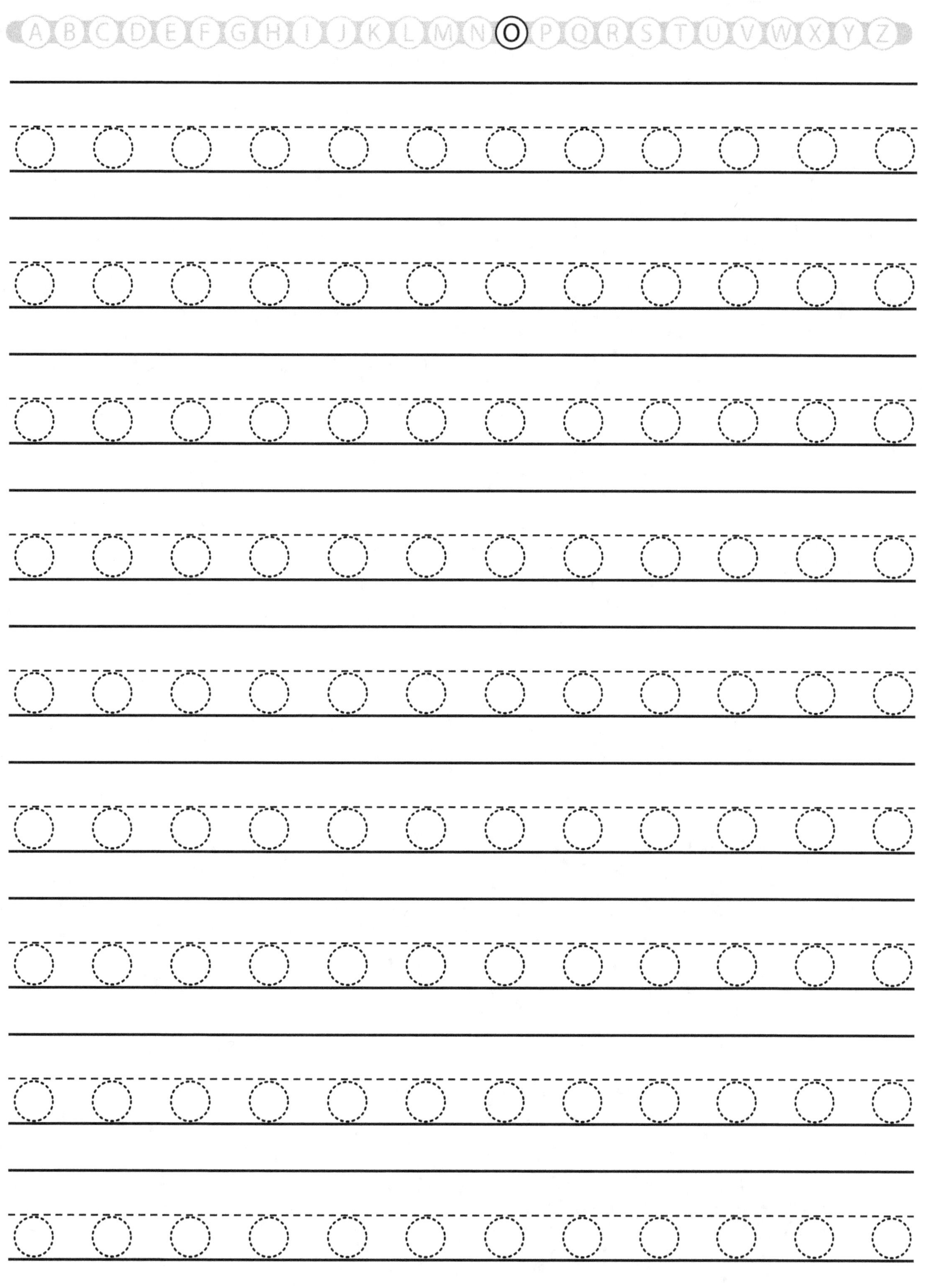

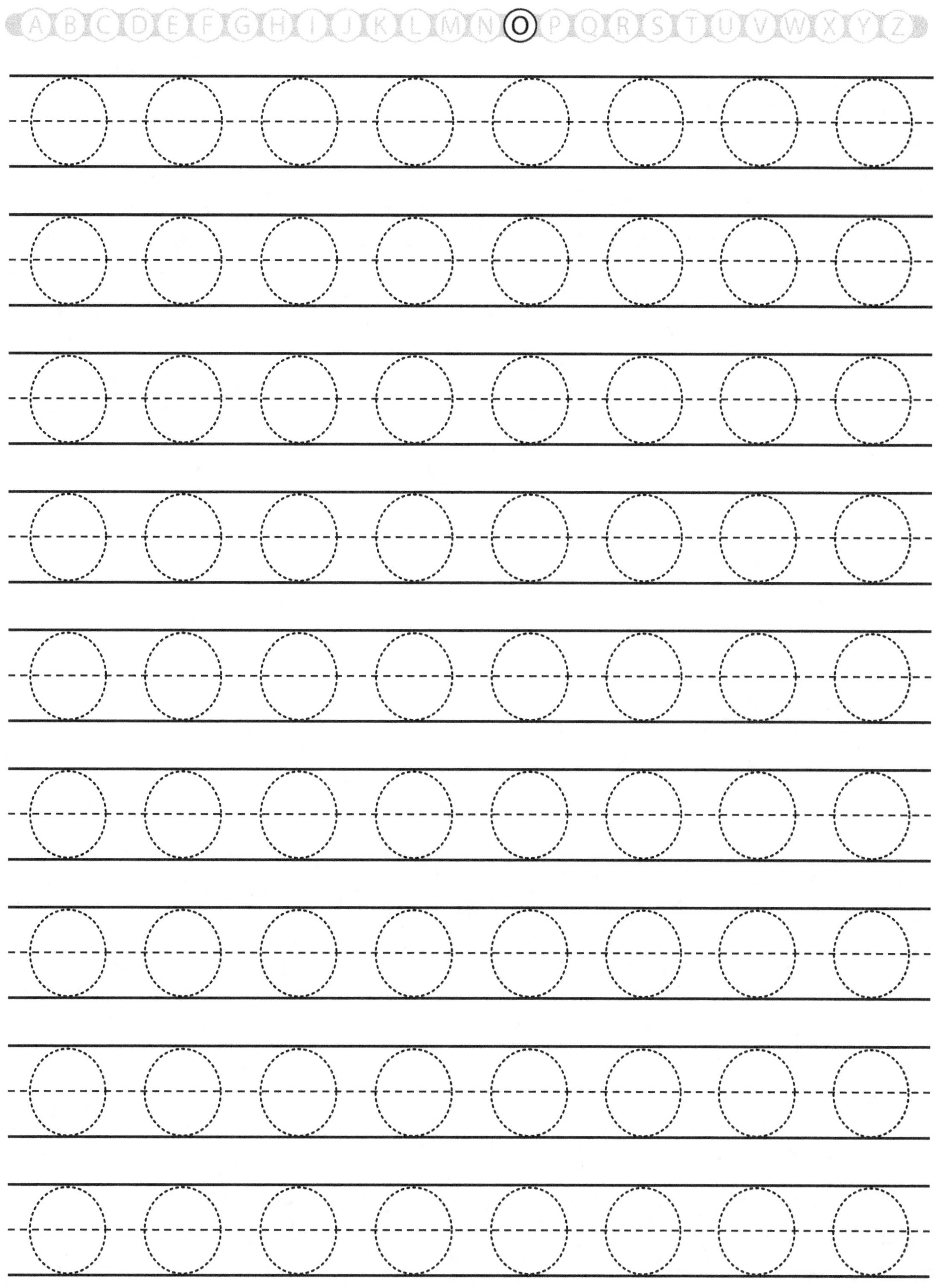

p

P

A B C D E F G H I J K L M N O P Q R S T U V W X Y Z

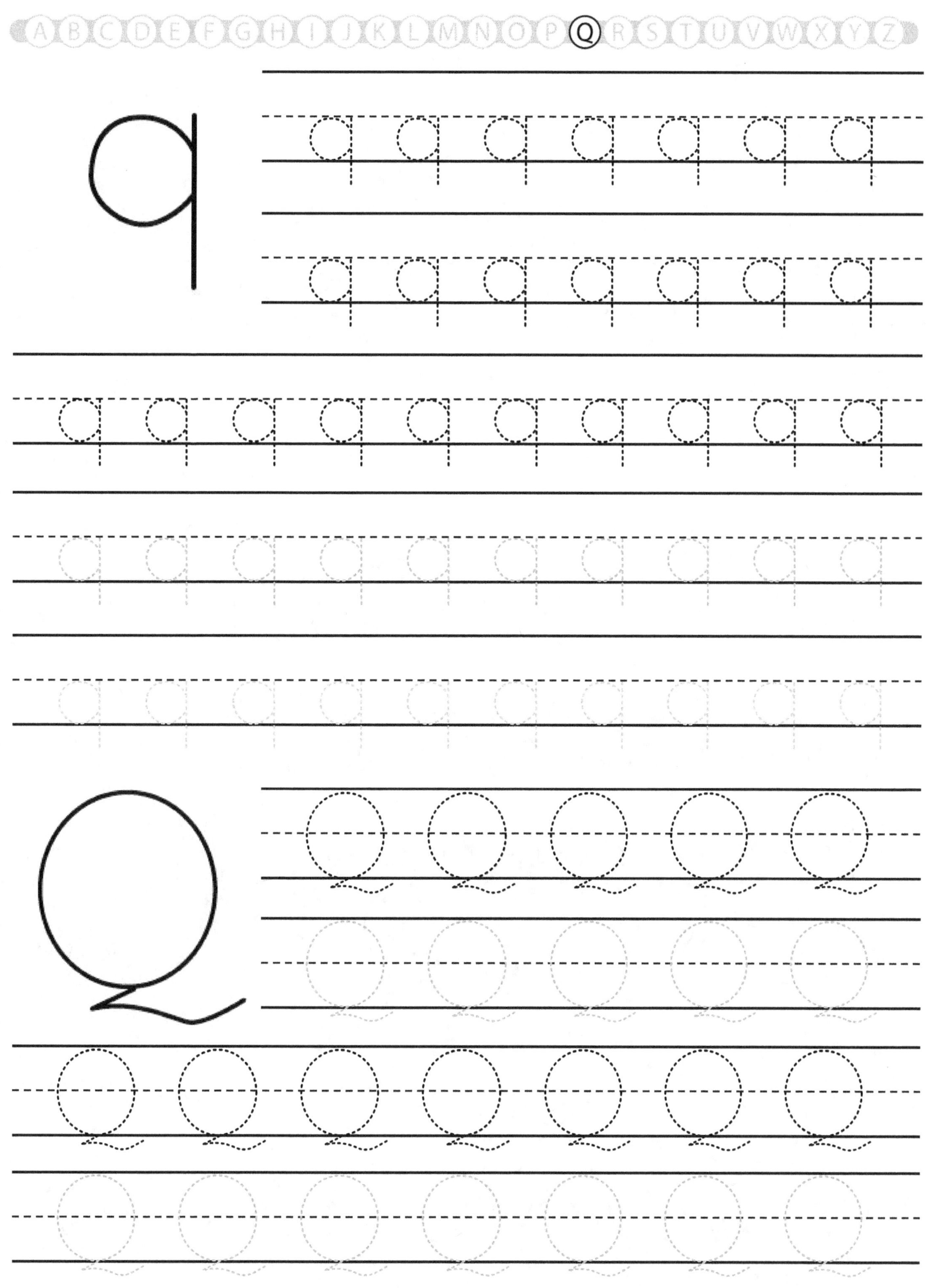

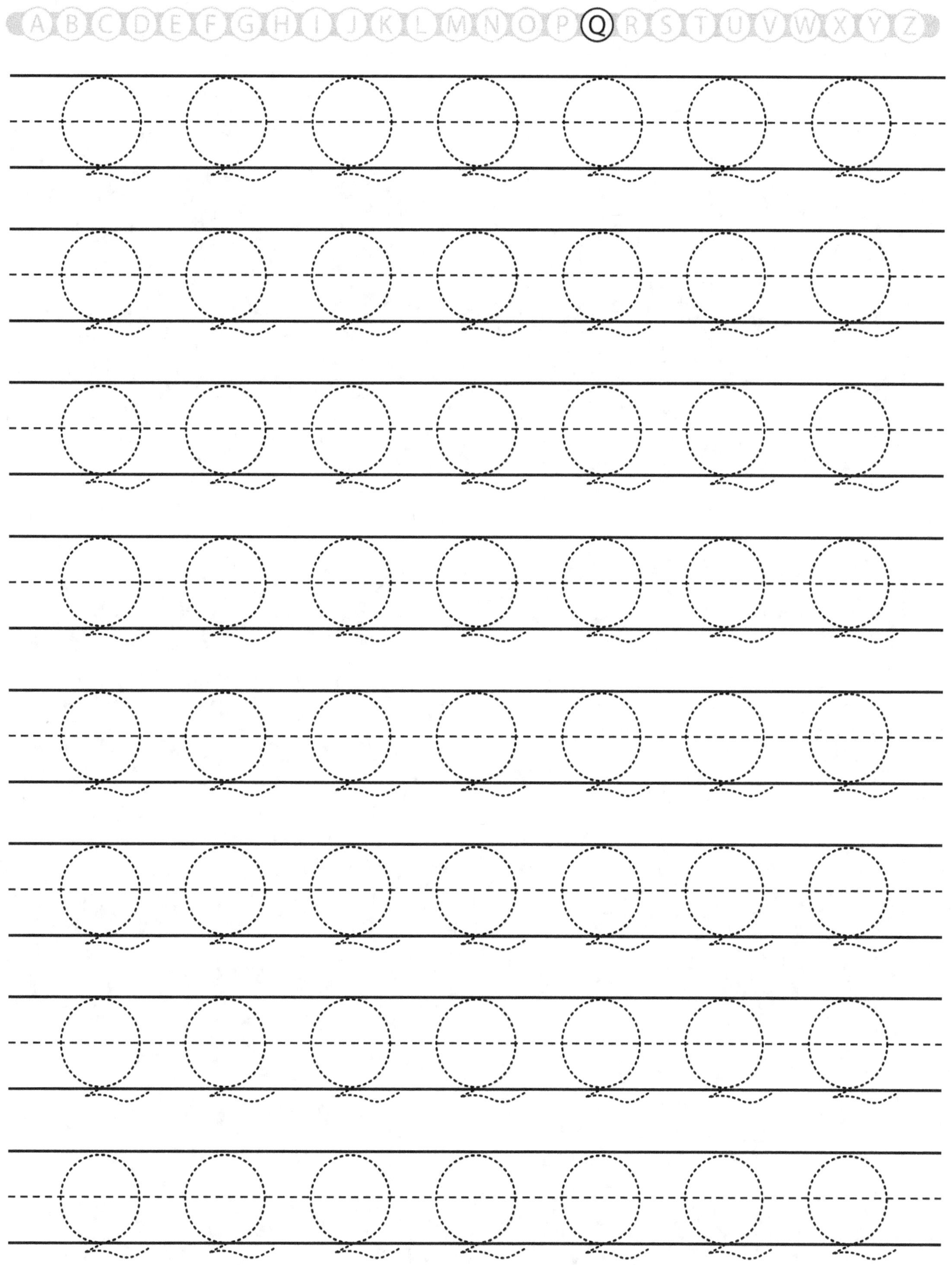

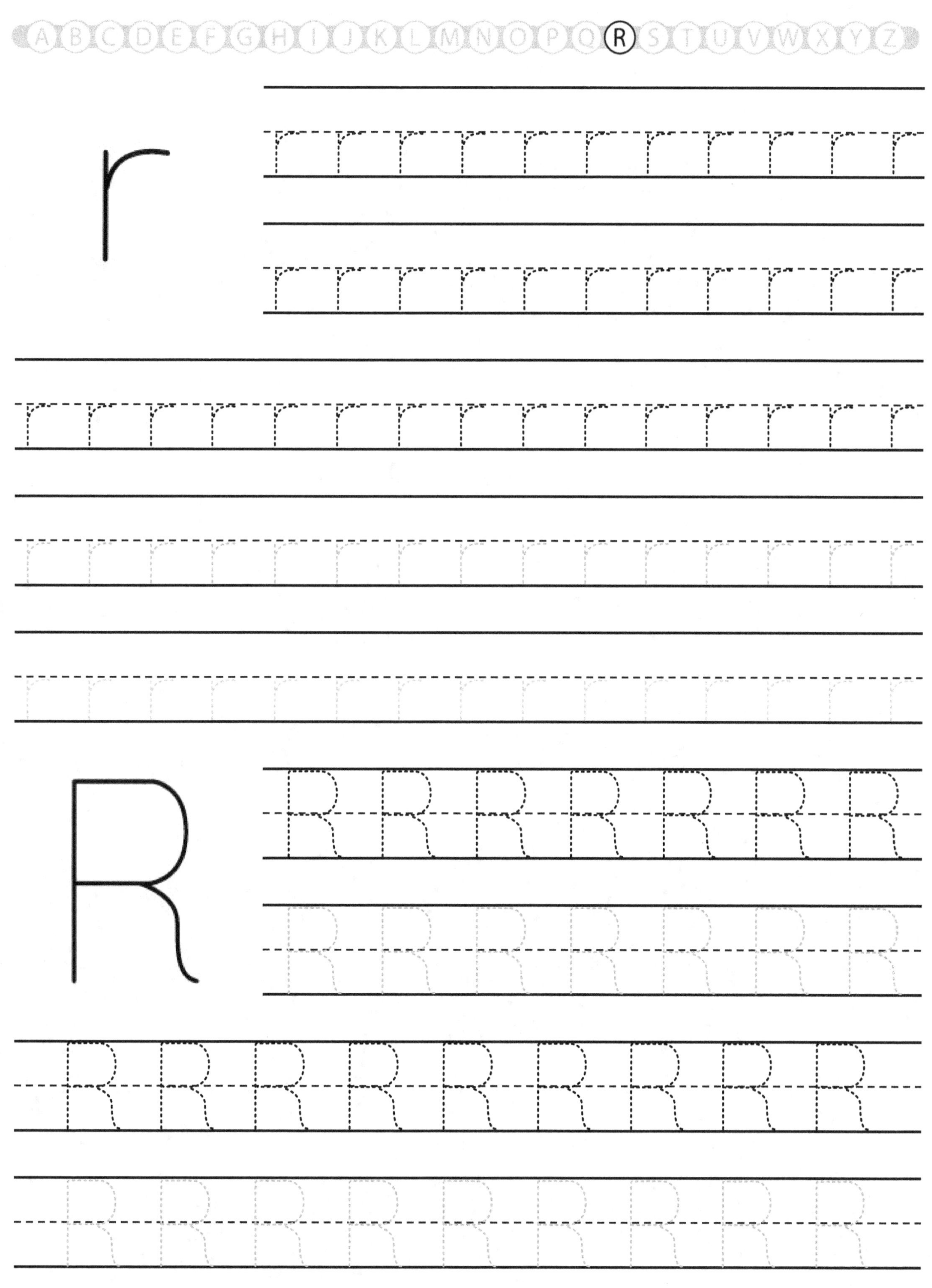

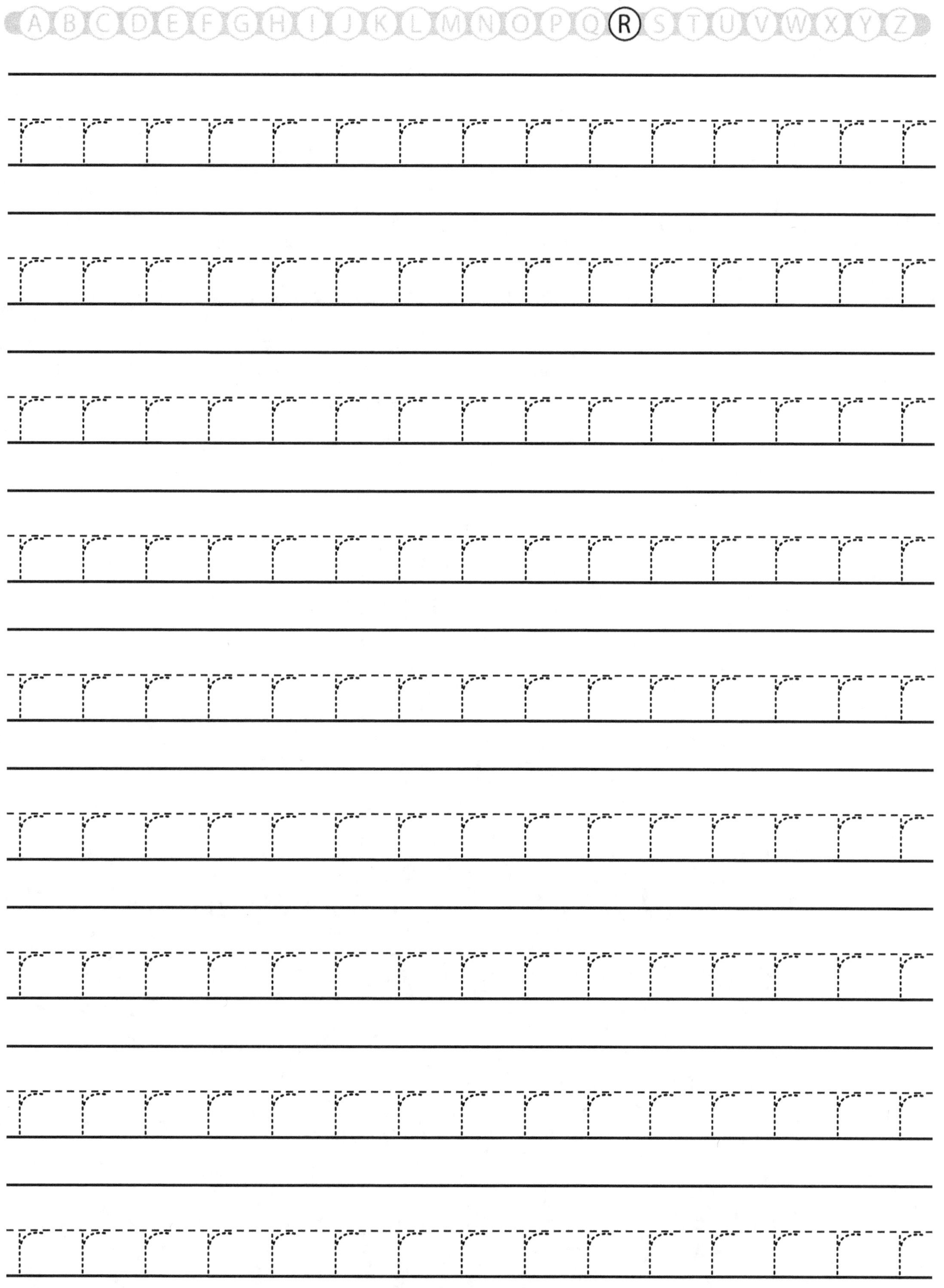

S

S

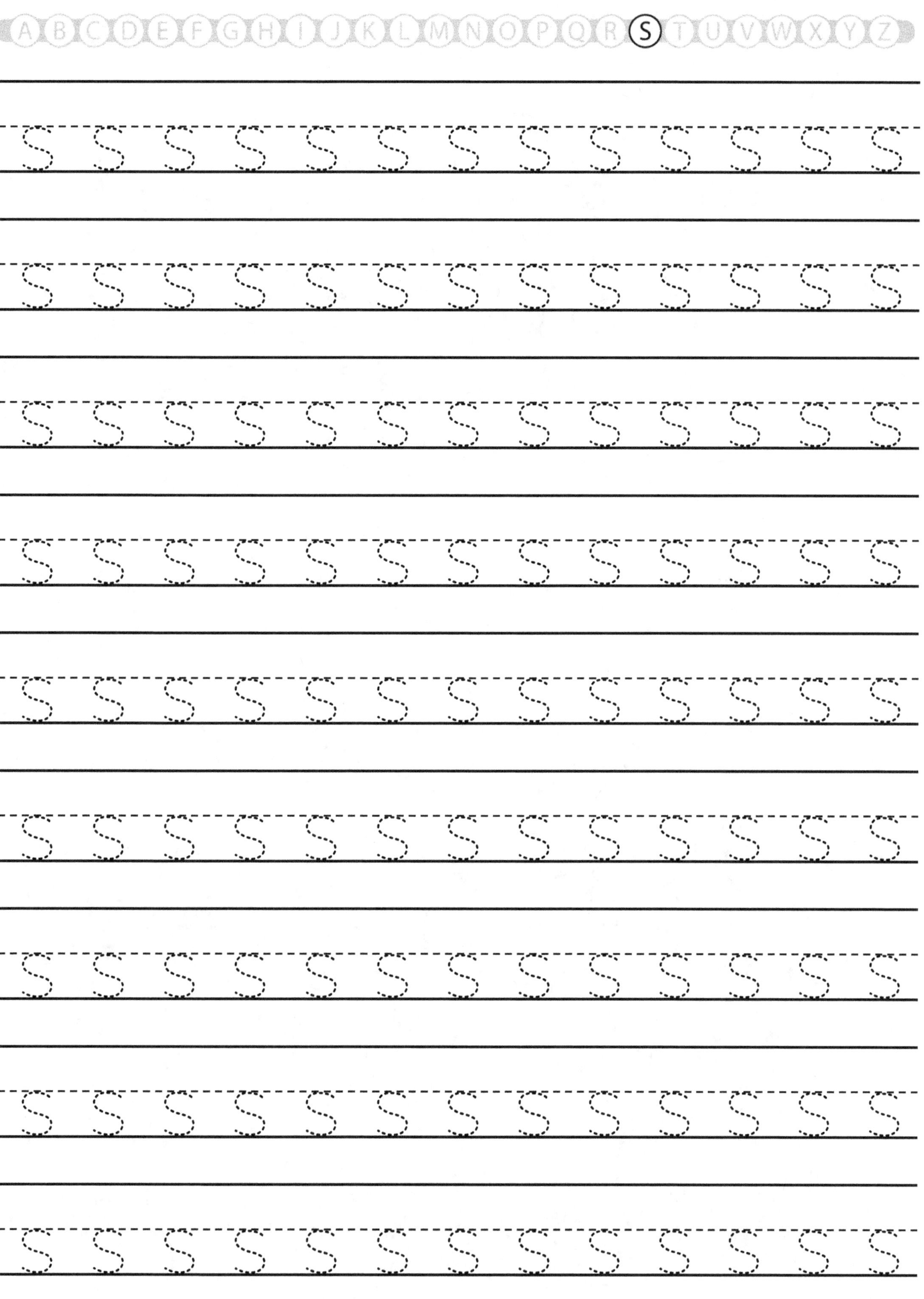

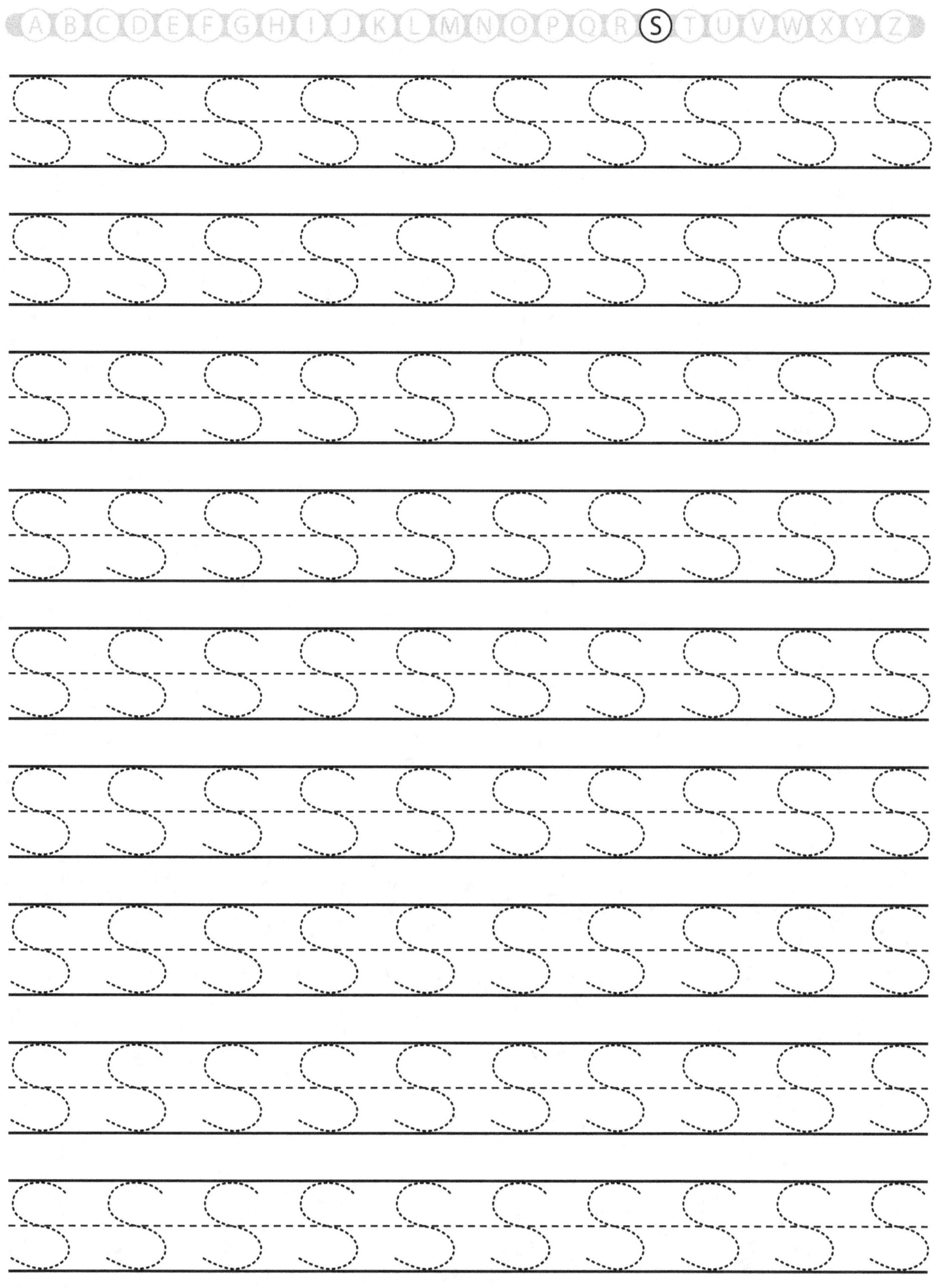

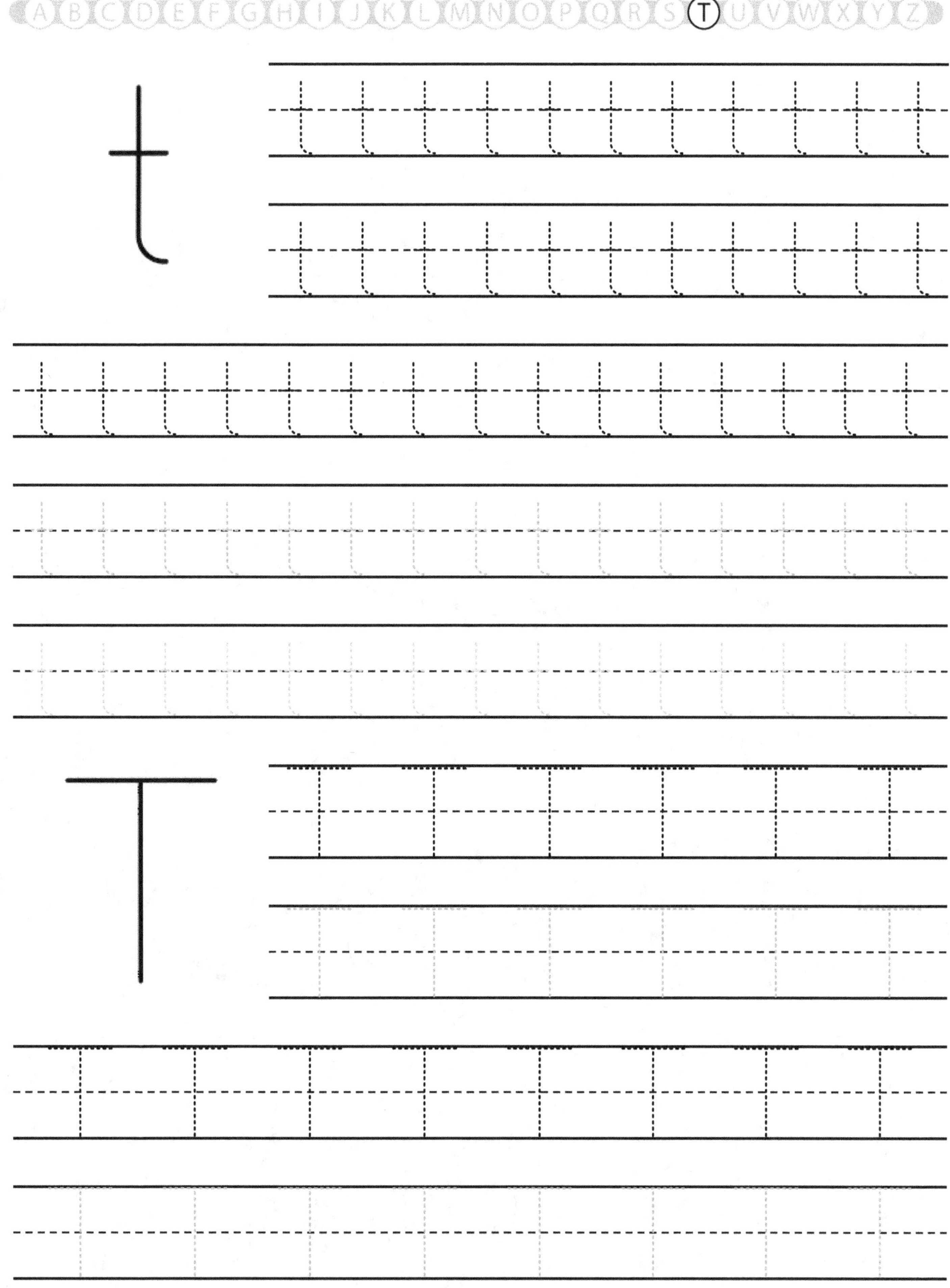

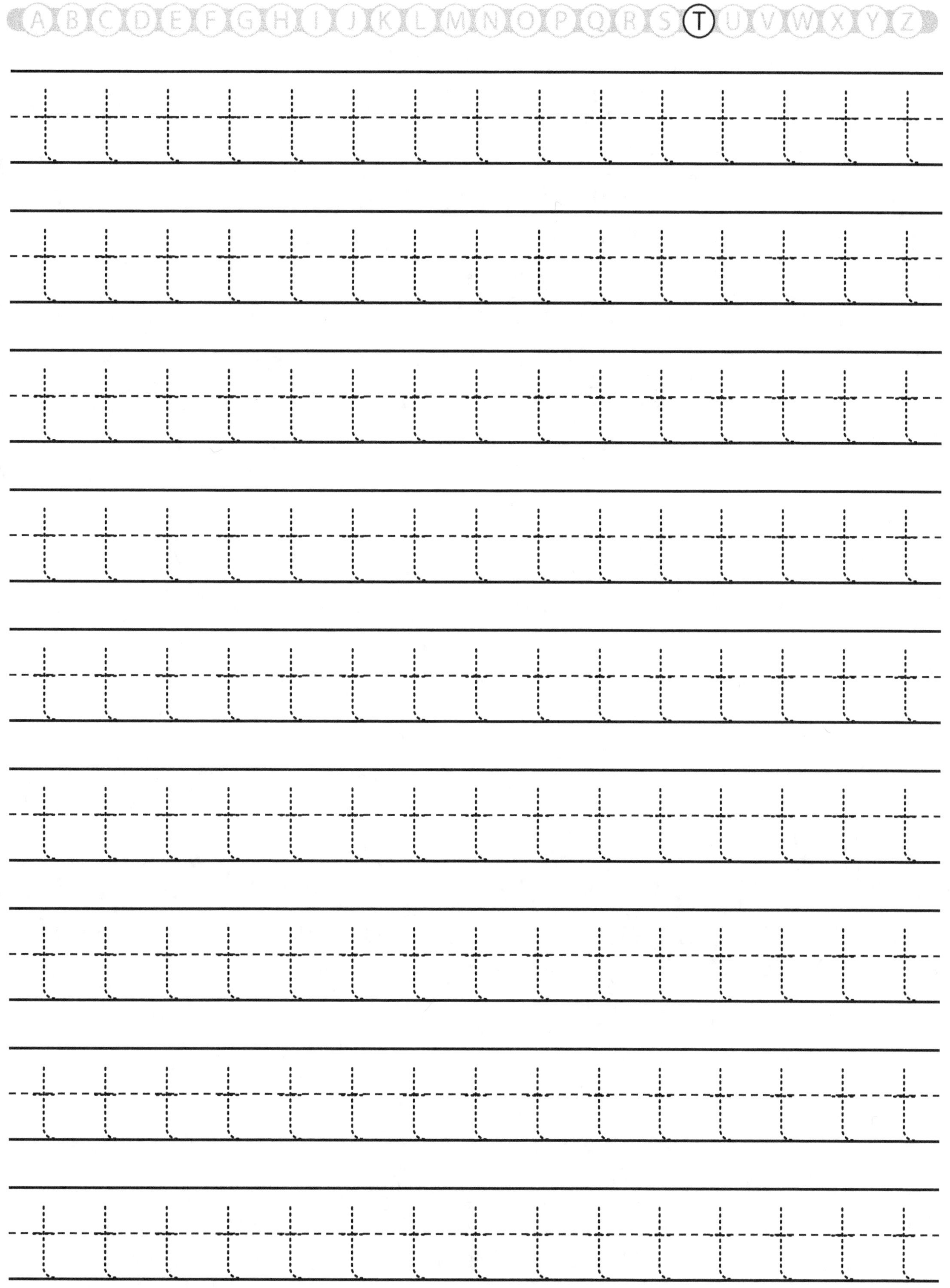

A B C D E F G H I J K L M N O P Q R S T U V W X Y Z

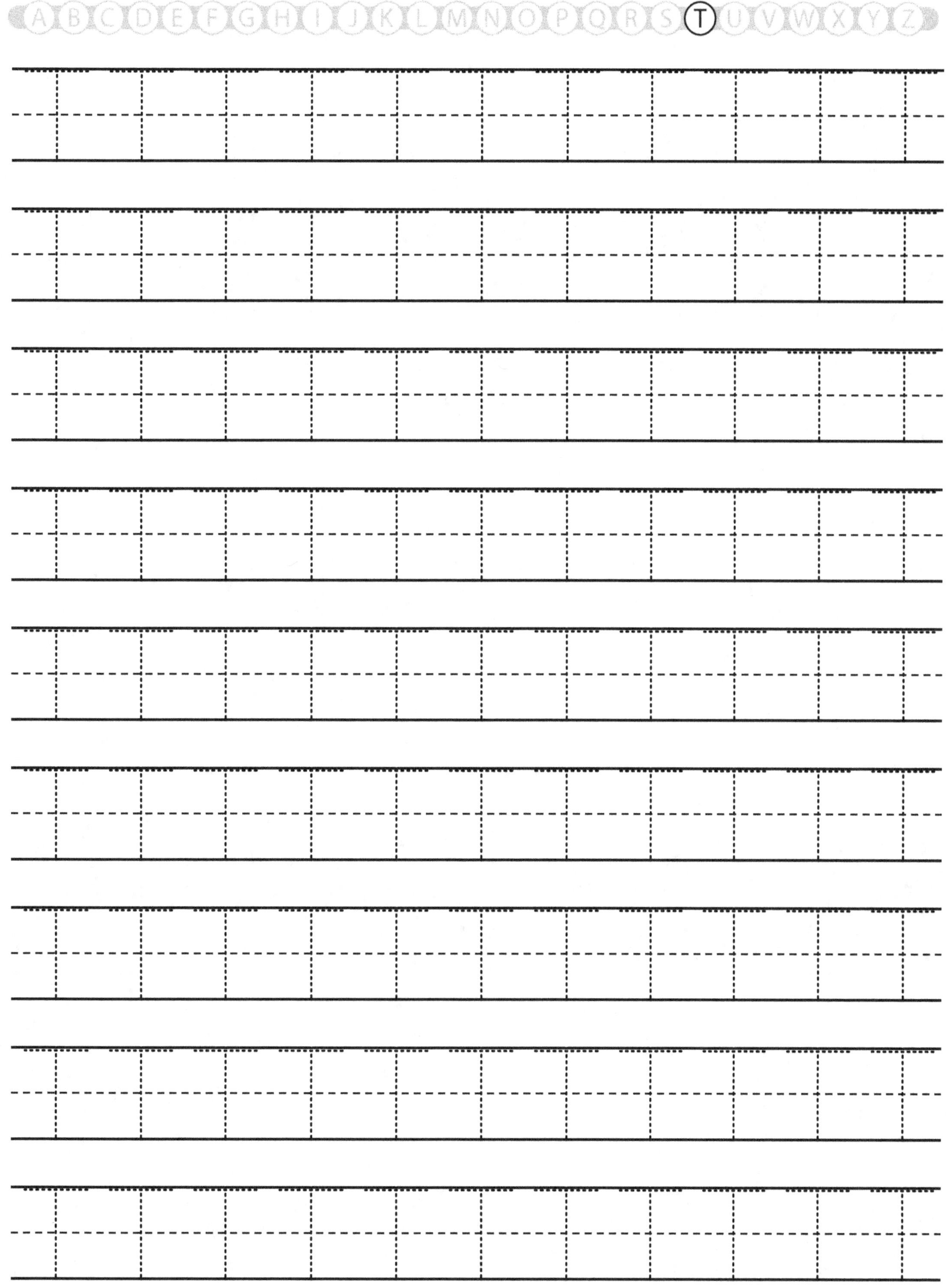

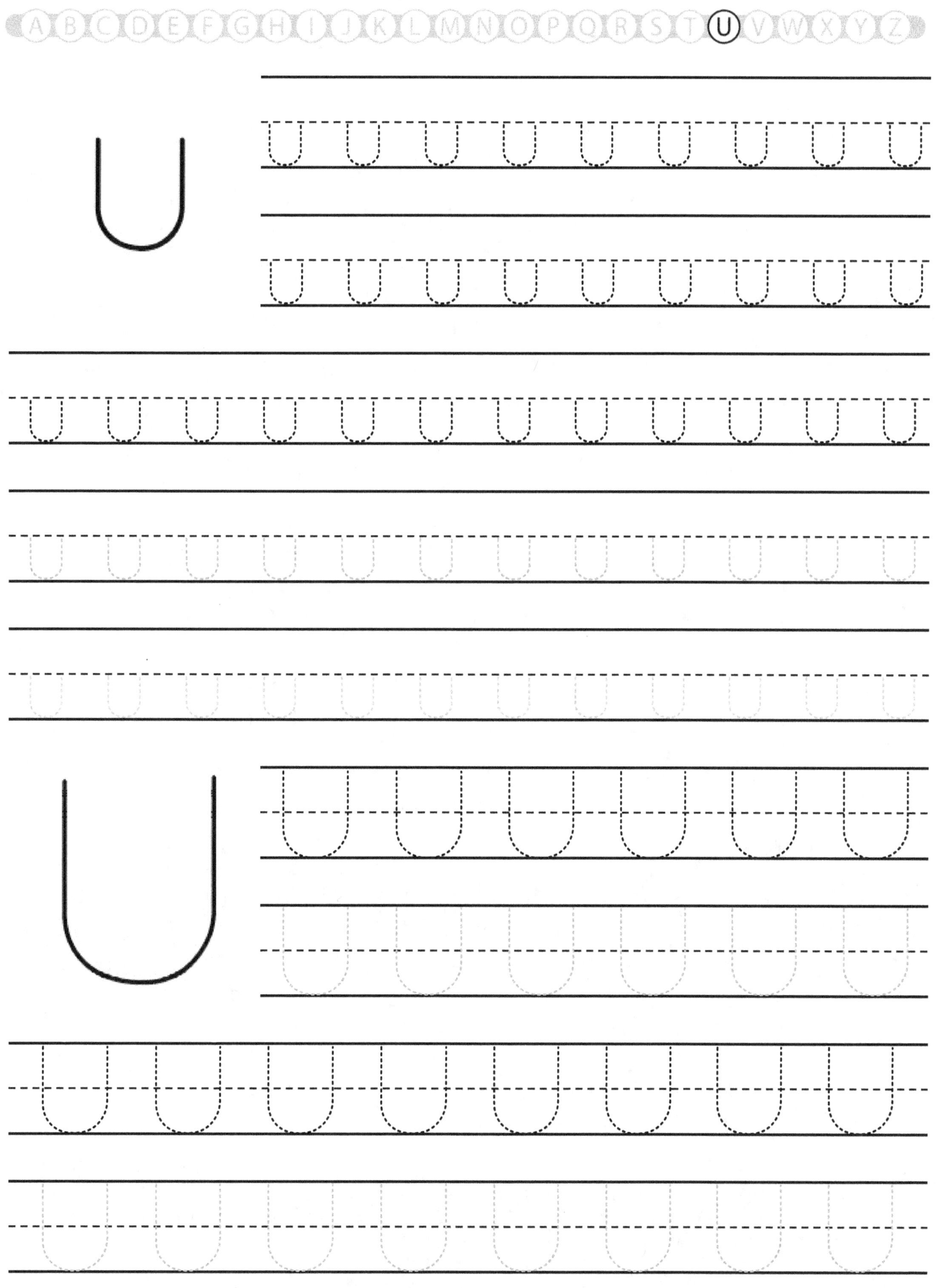

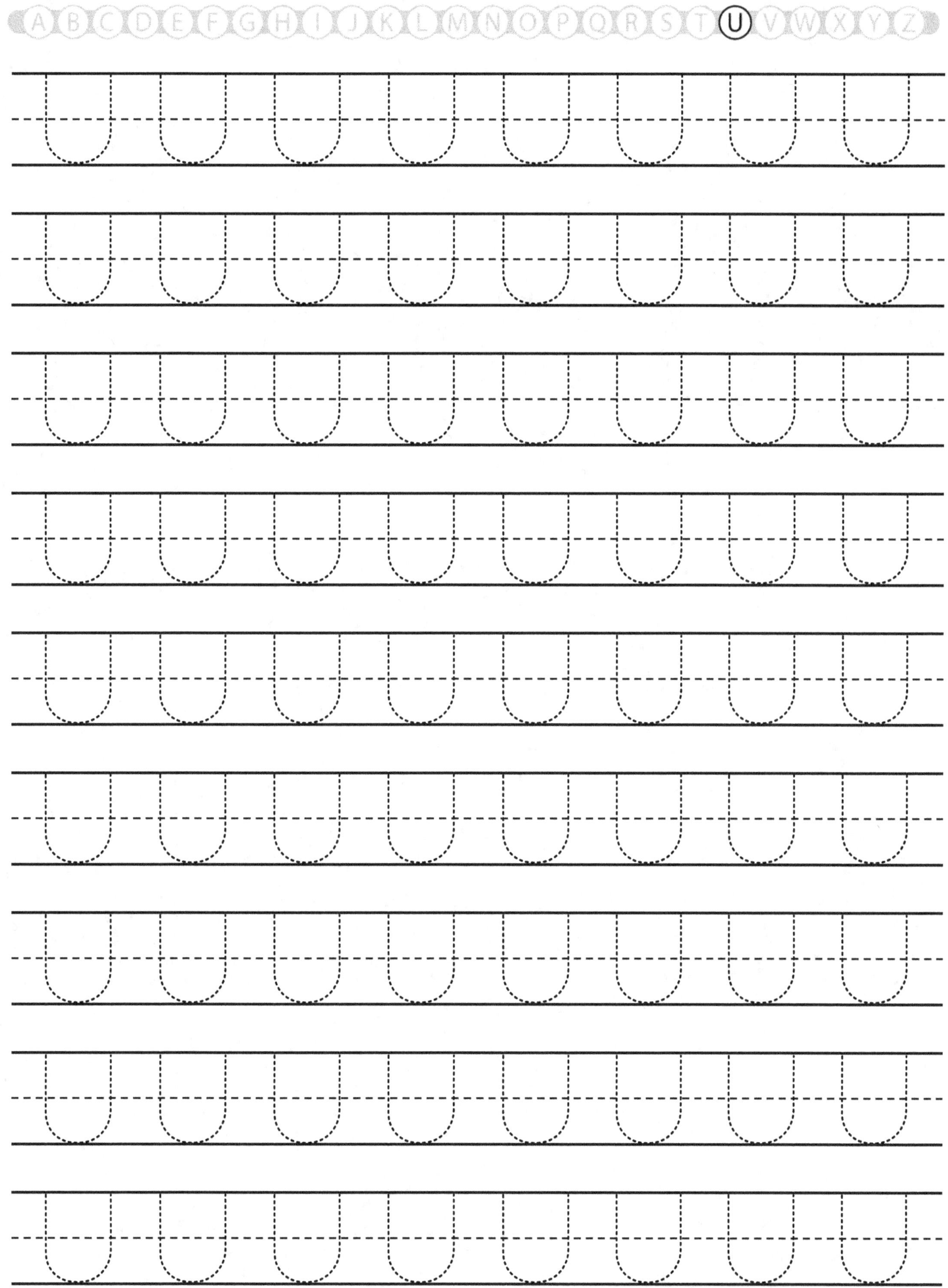

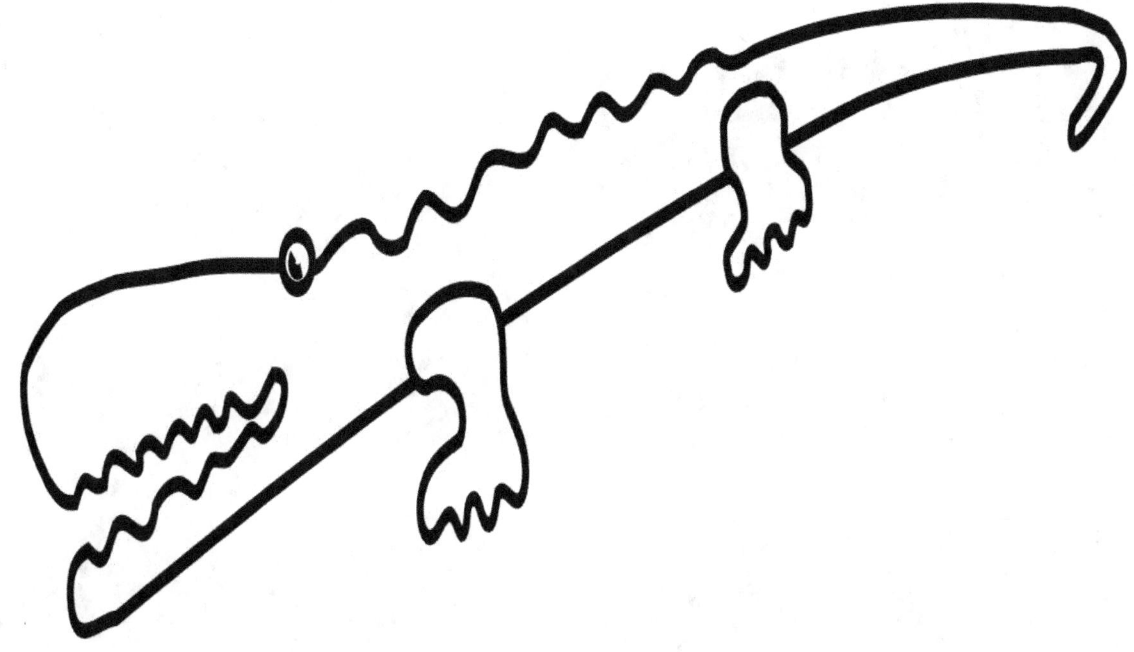

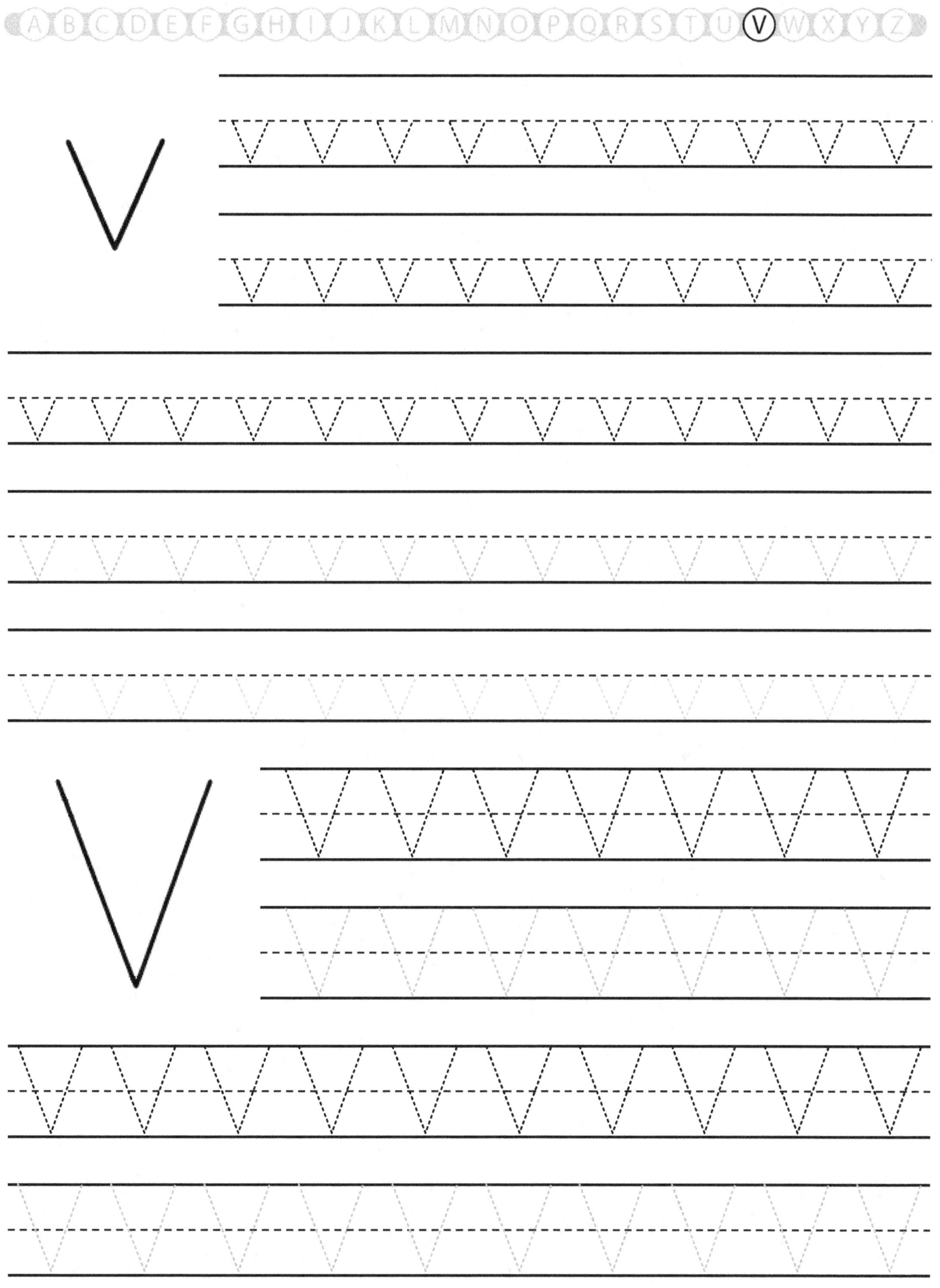

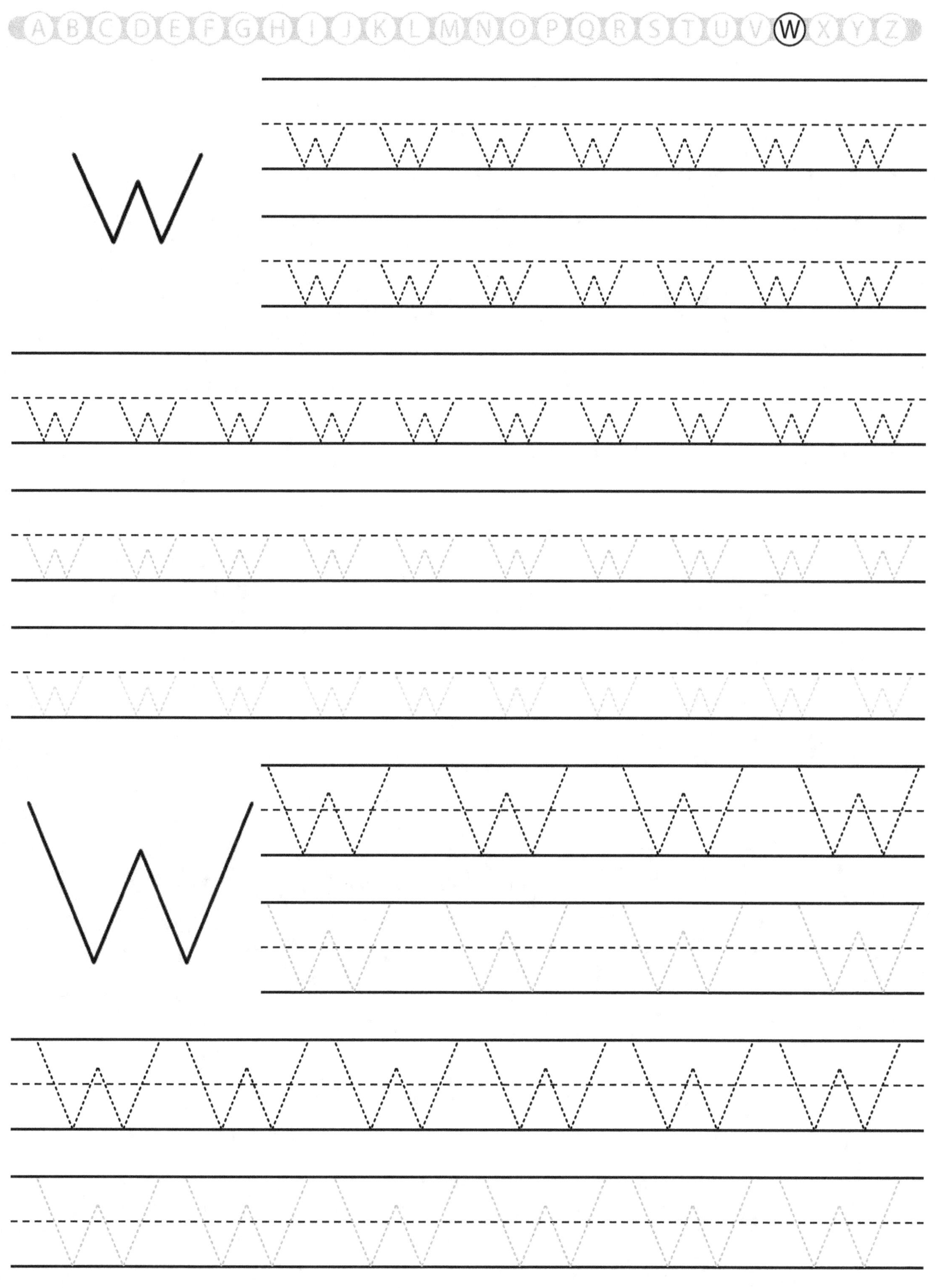

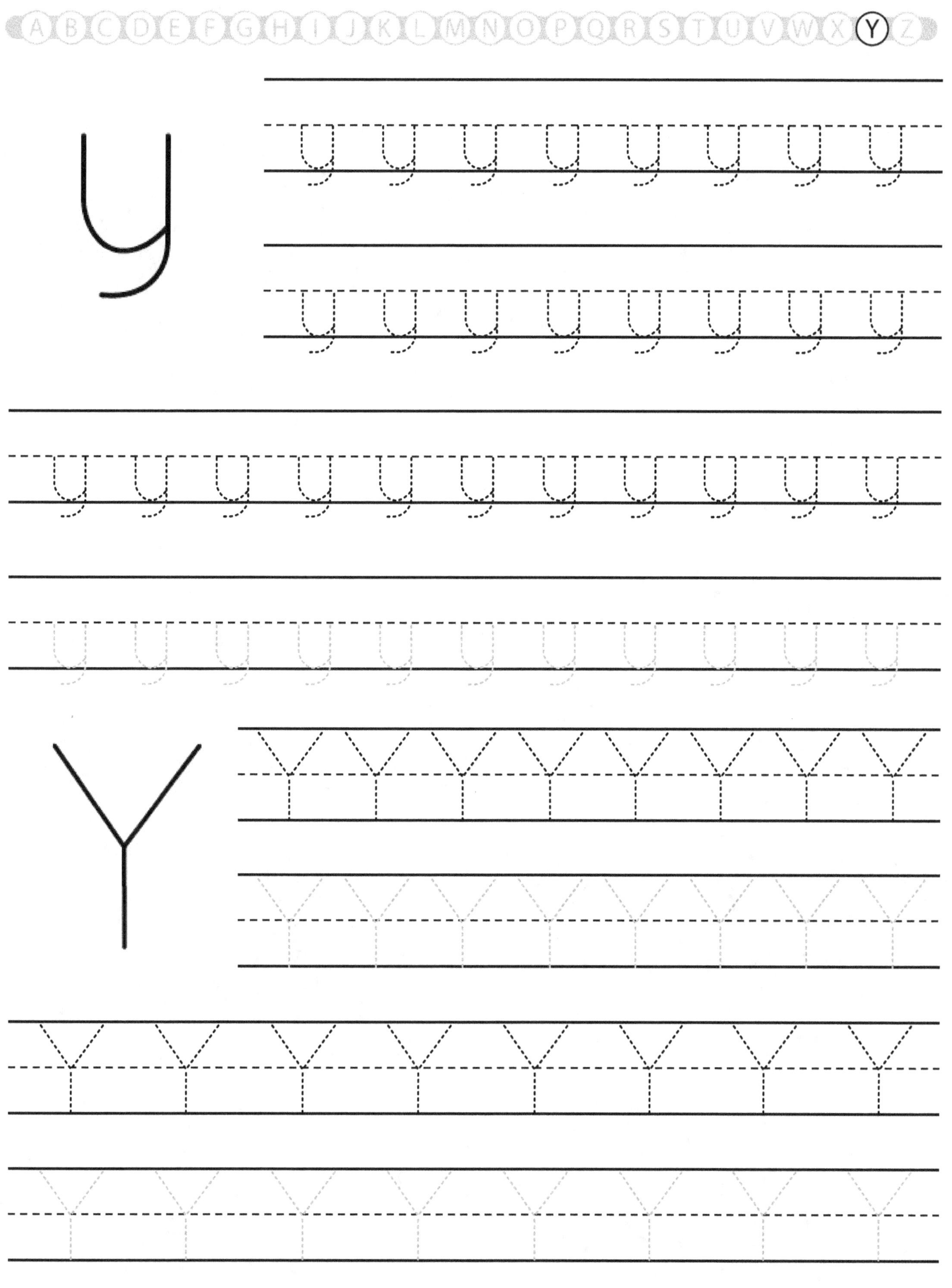

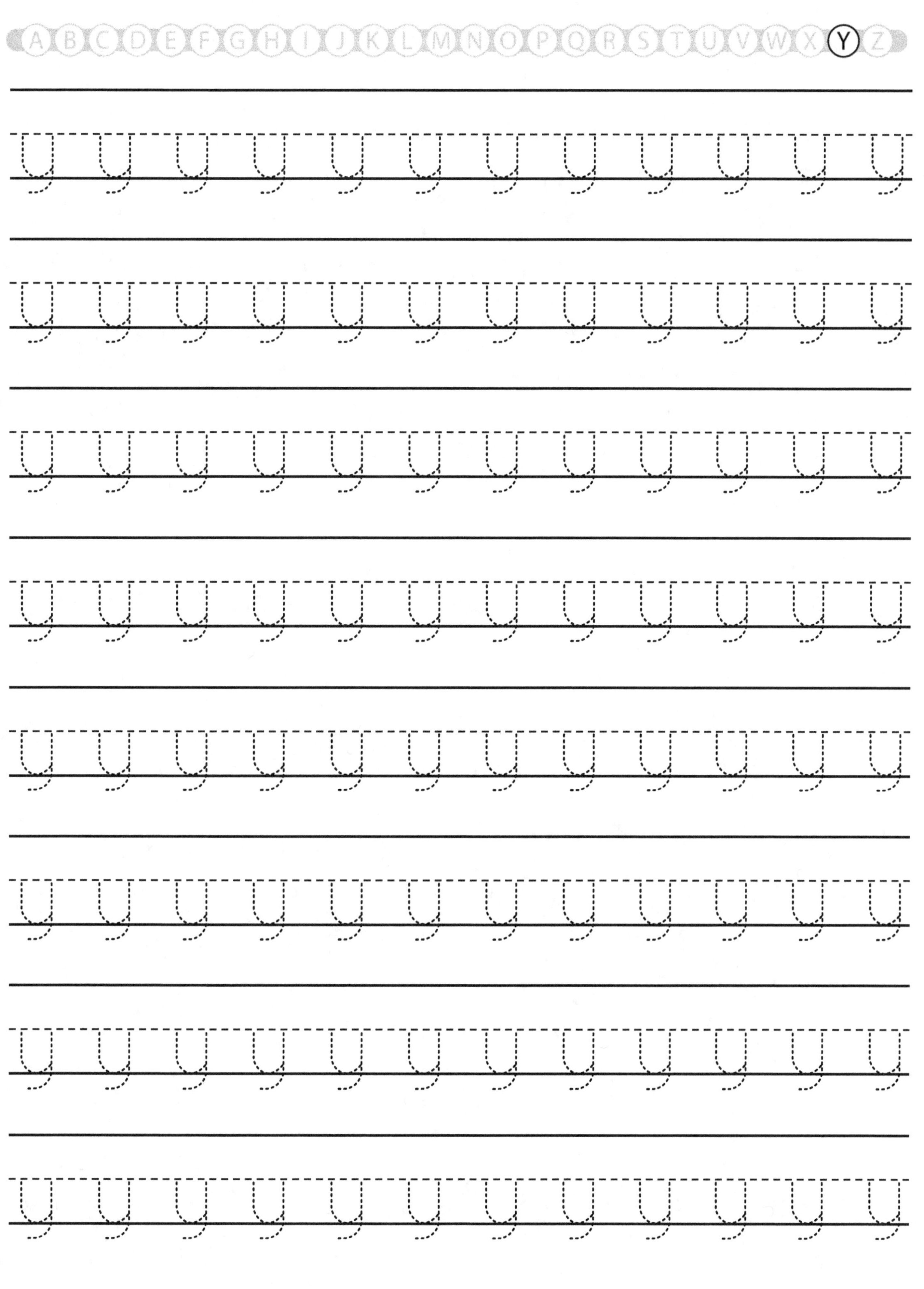

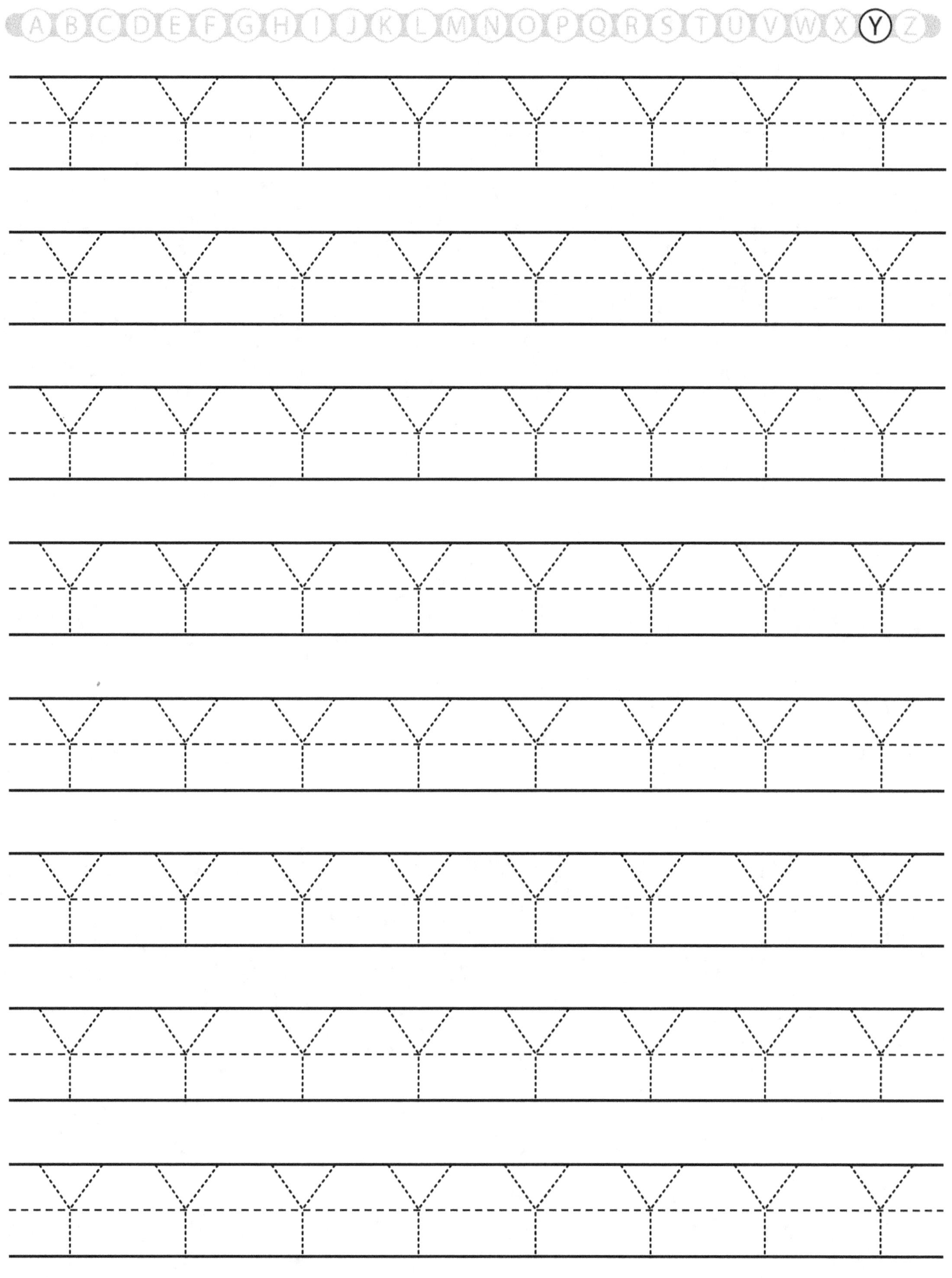